斎藤一人《さいとうひとり》の「世の中はこう変わる！」

小俣貫太［著］

時代を読んで百戦百勝！

東洋経済新報社

斎藤一人《ひとり》さんからの、はじめのことば

今度は少し本格的な経済の本を書いたらどうかという企画が出たとき、最初私は、

「やめたほうがいいよ。経済の本はすごくためになるけれど、どうしても、おもしろい本というわけにはいかないんだよ。それに、そういう経済の本は学者か政治家が書けばいいんだよ」

と言ってお断りしたのですが、今回このような形で本が出版されることになりました。

この本のなかで私が言いたいことはたった一つ。

どんな時代が来ようと、そのことが先にわかり、準備を終えている人にとっては、ラクに楽しく過ごせる――

ということです。

さあ、この本を読んで、あなたなりに、どんな準備をして、備えたらいいいか、考えてみてください。

㈟最初の半分くらいはとてもためになると思いますが、あまりおもしろくはないかもしれません。後半だんだん楽しくなってくるので最後まで読んでくださいね。

ひとり

はじめに

「オレの言うことは変かもしれない。なにせ、オレは変な人だから」

斎藤一人さんは、いつも明るくこう言います。でも、先を見通すその目は鋭く、いつも人より一歩早く動いてしまうので、どんな困難な状況でも困った様子を見せたことがありません。

「経済というと、あたかも誰か動かしている人がいると思われがちだけど、実はお天気と同じようなもので、誰かが何かをしたからといって、何かを望んだからといって変えられるような弱い流れではないんだよ。

ただ、船乗りが天気をピタッと予測して船を進めるように、商人は経済の読みをピタッと当てて会社や店を潰《つぶ》さないように対応ができなきゃ、やっていけないもんなんだよ」

一人さんに教えてもらったことは、暑くなるのがわかっていればTシャツを買っておける、嵐が来るのがわかっていれば雨戸を閉めておける、というようなことです。

それと同じようにこれから世の中どうなるかわかっていれば困ることはないということです。

一九九〇年にバブルがはじけてから、日本経済は大混乱し、先が見えないゆえに、様々な方々が色んな予測をしました。でも、九二年から一〇年間以上、土地・株・相続によるものを除いた実質納税額で常にトップにいるのは一人さんです。私たちは優れたキャプテンのもとで、天候の不安なく大船に乗った乗組員のような気持ちで、宝島まで連れてきてもらいました。

世の中に正論らしきことを言う方はたくさんいらっしゃいますが、そうした話ばかりを聞いているうちに、日本は不況が当たり前になってきてしまいました。たまには変わった少数意見を知ってもらうのもいいかな、ということで一人さんに教わったことを書いてみます。

この本を買ってくれた人は、それだけでとてもツイてる方です。この本に書いてあることがなぜ起きるのか理解できなくても、何が起きるのかがわかれば、それだけで十分役に立つはずだからです。雨がなぜ降るかわからなくても、雨が降ることがわかっていれば、カサを持っていくことができ、何にも困らないようなものです。

そして今はっきり言えることは、明るい人、勉強する人にとってものすごいチャンスの時代だということです。昼間あかりをつけても目立ちませんが、夜つければ人が集まってくるように、世相が暗い今こそ明るさが輝きとして評価してもらえるのではないでしょうか。

何が起きるかわかっていれば、不安ではなく、明るく前向きに捉える方法はいくらでも見つけられます。この本を読む人は時代の灯台になれると思います。

二〇〇四年一月

小俣貫太《おまたかんた》

斎藤一人の「世の中はこう変わる！」◉目次

第一章　時代を読む知恵

第二章 「ひとり勝ち」の時代

第三章　おかしな日本はだらだらと続く

第四章　経済と世界はこうなる

カバーデザイン＝多田和博
本文レイアウト＝インツール・システム

第一章　時代を読む知恵

「本物の時代」から「本当の時代」へ

戦いを勝ち抜いてきた人でなければ、これは言えない。

私はこれまで未熟ながら商売の世界に身を置いてきたのですが、斎藤一人さんの言葉を聞いていて、時々、そのように感じることがあります。

「『本物』の時代は終わったんだよ」

例えばこれは最近、一人さんが言った言葉です。

「これまでは『本物』の時代だったんだよ。

本物というのは皆が『本物だ』と言えば、それで本物になってしまうんだ。これは高級品だ、この店は有名だと皆が言えば、誰も実際がどうなのか確かめなかったんだよ。

だから、高級、有名なんていう肩書きだけで通用する楽な時代だったんだね。

それが『本物』の時代。

でも、これからは『本当』の時代が来るんだよ。

皆が本当の実力を聞くんだ。『高級です』なんて言っても通用しない。それは本当に美《お》味《い》しいのか、本当に使い心地がいいのかと皆が聞くよ。そして、自分で確かめるんだ。そして、気に入らなければ、買ってはくれないんだよ。

皆が『本当なのか？』と確かめるから、本当に実力がないとお店も流行《はや》らないし、商品だって売れない。そういう時代になっていくんだよ。

人だってそうなんだよ。

今までは『本物』の時代だったから、あの大学を出ている、あの会社に勤めているという肩書きだけで、本物になれたんだよね。誰も実力なんか確かめないから、肩書きを出せば雇ってくれたし、仕事になったんだよ。

でも、これからは違うんだよ。『本当』の時代に通用するのは実力だけ。○○大学を出ている、なんて言っても、あなたは本当に役に立つのかと聞かれる。生き残れるのは実力のある人だけになってくるんだよ。

経営者も同じだよ。

本当にこの仕事で利益を出せるのか、ということだけしか問題にされないんだよ。それで、利益が出せなければ、どんな肩書きを持っていても追い出されてしまうんだ。

過去に実績がある人でも、油断できないんだよ。いつも、今の仕事で本当に役に立つ、本当に利益を出すということが求められるんだ。

『本当』の時代に通用するのは、人でもモノでも、実力だけ。

これからは、そんな時代になるんだよ」

これまでのお客さんは、「本物」かどうかを問題にしていましたから、肩書きが商売を左右しました。でも、今のお客さんには、だんだん肩書きが通用しなくなりつつあり、自分自身で実力を確かめないと買ってくれないというふうに、変わり始めているというわけです。

今までは、日本の人々に、ある程度の余裕があったのかもしれません。だから、「本物」であるとさえわかれば、実力まで確かめなくとも安心していられました。本物かどうかを確かめるのは肩書きさえ見ればすむわけですから、とても簡単ですし、それで困るような人も会社もありませんでした。

でも、状況がだんだん厳しくなってくると、実力のないものを抱えている余裕などなくなってきます。お客さんは役に立たないモノを買わなくなりますし、企業は役に立たない社員を雇ってはおきません。経営者ですら、利益が出せなければ、辞職に追い込まれます。

そんな現在の状況を、一人さんは「本物」と「本当」という言葉の微妙なニュアンスの違いで、鮮やかに切り取って見せてくれたわけです。

この言葉からも、勝ち抜いて今もトップに立ち続けている人の知恵と、そのすごみを、私は感じるのです。

これからは本当の実力を問われる厳しい時代が来るのかもしれません。でも裏を返せば、実力を備えようと前向きに生きる人には、良い時代が来るということでもあります。時代の流れを知ろうとするあなたには、きっと良い時代に違いありません。

人には時代の流れを変えられない

「時代や歴史は、人がつくるのではないんだよ」

斎藤一人さんがこう言ったことがあります。

一人さんの時代を捉える目にはすごいものがあり、一五年ほど前の好景気が危ういものだとその当時から察知していましたし、その後のバブル崩壊も、さらに後の日本経済の失速と消費の低迷が長く続くことも事前に予測し、私たちに教えてくれたものです。

以前私は、一人さんのような鋭い目を、自分のものにできないかと思ったことがあります。でも、一人さんのそれは商売のキャリアのなかで磨かれた知恵の一部であり、余人にはわからない素肌感覚のようなものから来ているので、どうも、ほかの人にマネができる種類のものではないようです。

ただ、そのなかでも時代を見る基本のようなものはあるようで、実は冒頭の言葉もその一つなのです。

こうした誰にでも有益な基本ならば、鋭い感覚を持ってはいない私などにも心得として役立てることができそうです。

さて、斬新なアイデアで大ヒット商品を生み出す人などが現れると、よく、「あの人は時代をつくった」とか「時代のリーダーだ」などという言葉を遣います。ですが、一人さんによれば、「それは勘違いだよ」ということになるようです。

ところで、このように言うと、こんな反論をする人もいるかもしれません。

「でも、時代を大きく変えるような発明や商品だってあるじゃないか。もし、それがなければ、後の時代は別のものになっているような大発明だってある。これは、人が時代をつくったことにならないのか?」

これに対する一人さんの答えはこうです。

「モノが現れるから、人がそれを欲しいと思うのではないよ。

人が何を求めるかはそれが現れる先に決まっている。人の好みはすでにある。モノが人の好みを変えているわけではないんだ。

つまり、時代の流れを決めているのは、モノの出現ではなく、その時代の人たちが何を好むかということなんだよ。

時代をつくったように見える人というのは、その時々の人が好みそうなものを、誰よ

り も先につくっているだけだよ。

ただ、いつも人の前に行っているから、時代をリードしているように見えるだけなんだ」

誰かの発明が時代を変えたのか、それとも人々が何を欲しがるのかという好みが時代を決めているのか、それは具体的な商品で考えてみればすぐにわかります。

発泡酒という商品がビールの代用品として登場してから、メーカー各社が競うようにしてつくり、大いに売れています。味わいはビールとほとんど変わらず、しかも値段は半額ほど。まさに夢のような画期的な商品です。誰かがこれをつくったことで、あたかも時代が変わったように見えます。

ですが、もしこれをバブルの頃に開発し販売しようとしたらどうでしょう。誰もが豪華なもの、贅沢《ぜいたく》なものを欲しがっていたあの時代、発泡酒を世に出せば今のように大ヒットしたでしょうか。それによって人々の心が変わり、「これからはお金をあんまり使わないようにしよう。財布の紐を締めなければ」と思うようになったのでしょうか。

あるいは、今売れている、「余分なものを出す」とか「脂肪を吸収しにくくする」などというダイエット飲料を、もし終戦直後に開発していたら、当時の人々はそれを欲しいと思ったでしょうか。いつも空腹に悩まされ、餓死の恐怖さえ感じて、「お腹いっぱい食べたい」「栄養を摂りたい」と切実に願っていた人たちが、何か珍しいモノが現れたからといって、「少しでもやせなきゃ」と思うでしょうか。

空腹の時代、贅沢を求める時代、そして倹約の時代と、それぞれの時代にもてはやされたモノがあります。

でも、それは誰かの発明品にリードされて、そんな時代になったのではありません。どれほど画期的で珍しいモノでも、人々が欲しがらなければ売れませんし、世の中に広まることもないわけです。

こんなことは、言われてみれば当たり前のことです。ところが、何かが登場してあまりにも目覚ましい成功を収めると、この当たり前のことが見えなくなるようです。だからこそ、時代を的確に捉えたければ、このことをよく肝《きも》に銘じておく必要があるわけです。

ことに、時代の問題が経済や政治に関連してくると、「人が時代をつくるのではない」という当たり前のことが見失われやすいようです。

経済評論家がマスコミに登場し、何か目新しいことを言うと、皆がそれに期待してしまいます。「あの人の言うとおりにしていれば、景気が良くなるのではないか」、ついそう思ってしまいます。あるいは、新しい政治家が華々しく登場すると、「何か画期的な政策を打ち出して、日本の歴史を変えてくれるんじゃないか」とそんな期待をしてしまうのです。

また、経済評論家や政治家のほうでも、自分の言っていることで時代を変えられると思っているのかもしれません。ですが、一人さんはこう言います。

「個人に時代の流れは変えられないんだ。どんなに頭のいい人がいても、一人や二人で時代を変えることなんかできないんだよ。

経済評論家が何を言っても時代は変わらない。あの人たちは、ただ自分の希望的観測を言っているだけだよ。政治家の言っていることもそう。ただ、『こうなればいいな』という希望を言っているにすぎないんだよ。

昔、中国に諸葛亮《しょかつりょう》（孔明《こうめい》）という人がいたんだ。この人は歴史のなかでも最も頭のいい人だったかもしれない。ところが、その諸葛亮でさえ時代の流れは変えられなかったんだよね。あの人は時代の流れを変えられないということを知っていて、時代の流れを的確に当てたんだよ。

それが本当に頭がいいということなんだ」

人には時代の流れを変えられない。このことを忘れずにいれば、誰かが時代を変えてくれるなどというはかない期待に惑わされることなく、時代の流れをもっとよく見ることができるのかもしれません。

国民の心を映す〝怪物〟と時代の流れ

「今の社会には怪物がいるんだよ」

斎藤一人さんが、こう言ったことがあります。

時代の流れを見るときに、この「怪物」の存在に気をつけないと、冷静な判断ができなくなると一人さんは言うのです。

それにしても、「怪物」とまで呼んで警戒しなければいけないものとは、いったい何のことなのでしょうか。

「この怪物のことを、皆、うすうすは気がついていると思うよ。

それは今の世の中で、ほかの何よりも日常的なもので、誰もが目にしているし、その力の強いことも皆が知っている。それにもかかわらず、知らず知らずのうちに、ほとんどの人がこの怪物に踊らされてしまうんだ。

余りにも自分たちの身近にありすぎるし、親しみすぎているので、かえってその実力や恐ろしさが見えにくいみたいなんだよ」

私にはまるでスフィンクスの謎のようで、答えがわかりそうで出てきません。そこで、その正体をズバリ尋ねてみると、こんな答えが返ってきました。

「それはね、テレビだよ」

もう少しで、「なあーんだ」と私は言いそうになりました。「怪物」というには余りにも平凡なものが出てきて、拍子抜けしたからです。

その様子を察したのか、一人さんはこう続けました。

「テレビと聞くと、皆がそうやって安心するんだよ。

テレビの影響力ぐらい知っている。自分はテレビの言いなりになんかなっていない。何が正しいか正しくないか、ちゃんと自分で考えている。そう思うんだね。

でも、そこが危ないんだ。

だって、テレビは見ている人を騙《だま》そうなんてしていない。テレビはただ、視聴者の見たいものを映しているだけなんだよ。

しかも、テレビの映すものは、ほとんどが確かに事実だ。ただし、事実のほんの一部だけなんだよ。何かの出来事についていくつもある事実のなかから、テレビは視聴者の見たいと思うだろうことだけを映している。

テレビは別に、視聴者を都合のいいように操作しようとしているんじゃないよ。ただ、見ている人が『正しい』と思うだろうことや、『見たい』と思うだろうことを映しているだけなんだ。

テレビには悪意はない。だから、テレビのなかに自分の見たいものを見つけた人は、こう信じるんだよ。

『やっぱりそうか！』『私の思っていたとおりだ』とね。それで、テレビを見ている人は、テレビの影響力を警戒していても、いつの間にか、テレビが本当のことを映すものだと思うようになってしまうんだ。

でも、皆が見たいと思うことが真実とは限らないよね。皆が正しいと思うことが正しいとも限らない。

毎日テレビを見ているうち、このことを忘れてしまうんだよ」

世間を騒がせる大事件が起こったとき、テレビを見て皆が「あの人が怪しい」と思う場合があります。ところが、後に真相が明らかになってみると、その人は全く事件とは無関係だったと判明することも、ままあるようです。

あるいは、そうした事例はめったにない例外だと思えるかもしれません。

でも、一人さんはそうは見ていないようです。

「テレビには不安なことを映したがる傾向があるんだ。だって、視聴者がそれを見たがるんだからね。

人には不安なものを見たい、知りたいという心理があるんだよ。イヤなことが起こるのなら、早めにそれを知っておきたいと思う心が人間にはあるからなんだ。

それで、テレビでは不安なことばかり放送する。

不況が来るかもしれない、こんな困った時代になるかもしれない、そんなことばかりやるんだ。

そう言われると、視聴者が見るからだよ。

実際には景気が悪くなるはずがないときでも、テレビで不況だ、不況だと言っていると、本当に不況になってしまう。皆がそれを信じてしまうので、本当にモノが売れなくなってしまうんだね。

また、本当の不況のときには皆が解決法を求めるようになる。すると、テレビは皆が喜びそうな解決法ばかりを放送し始める。それがあまり根拠のない方法でも、視聴者がいかにも信じそうなもの、喜びそうなものならば、テレビは放送してしまうところがあるんだ。そこで、そんな方法を言いたがるような学者や評論家ばかりがテレビに連日のように登場することになるんだよ。

テレビは見ている人の見たいものを映しているだけだから、こうなってしまうんだ。テレビを見ている人が不安に引きずられたり、自分の希望を満たすようなお手軽な解決を求めたりしているうちは、テレビはそんなものをただ映し続けるだけだよ。

テレビは視聴者の心を映す鏡なんだ。

これがテレビという〝怪物〟の正体だよ」

テレビは人々の心を映している。そして、多くの人々の心がテレビによって動いてしまう。人々の心に不安があれば不安な時代に向かい、人々の安易な判断が間違っていれば間違った方向へと時代が進む。つまりテレビ自体が景気を左右する〝怪物〟のような存在にまでなってしまっている。それなのに経済評論家などが経済予測をするとき、分析からテレビという要因がスッポリ抜け落ちている。だからなおさら彼らの予測は当たらない――。

これが一人さんの見方のようです。

時代を的確に見るには、テレビによって動いてしまう人々の心を見極め、しかも、自分はテレビという怪物に惑わされない目を持つことが必要。
一人さんは、そう言いたいのかもしれません。

すごい株高。でも昔のような「景気回復」はない

斎藤一人さんは株式投資を一切やりません。その理由について、次のように言っています。

「オレは商人だから株はやらないし投資もしない。だってせっかく来てくれたお金に『もっと働け』なんてこき使ったら、かわいそうじゃないか。株は投資家にお任せするよ」

それでも、株式市場について、現時点（二〇〇四年一月）の見方を教えてくれました。

「株価は非常な勢いで上がりだすよ。下手をすると以前の大台回復も夢ではないかもしれない。それくらいどんどん、どんどん上がっていくと思うよ」

そうした場合でも、上がる株と下がる株がありそうなものです。しかし日本では、そのような大きな上がり局面だと、よほどひどい株ではない限り、たいてい上がってしまうと言います（株で儲けても損しても私のせいにしないでくださいね〈笑〉）。

「だいたい日本で株を買うのは素人《しろうと》ばかりでわからないから、上がりだしてくると『何でもいいから買っちゃえ』というわけで何でも買っちゃう。だいたい一番最初に動き出

すのが外国人買いで、その後を日本人がおっかけて、外国人は売り逃げしていくパターンなんだ。でも今回は、売り逃げする必要がないほど、どんどん上がっていくよ」

では、株高によって本格的な景気回復に繋《つな》がるのでしょうか。

残念ながら、そうではないと一人さんは言います。

「一般に株価が上がるということは、景気が良くなるという捉え方なんだけど、今までとは違って株価が上がっても、物価は下がり続ける。世界中から安いモノが入ってくるから、日本がどんなことをしようが、どんどん物価は下がってくる。

しかも株高の日本で株を買うには円で買わなければいけないから、円高になってきてしまう。円高になれば、外から安く買えるから、さらに物価は安くなるんだよ。

もちろん日本の国も介入するだろうけど、円高をおさえられたとしても、モノの値段が下がることはおさえきれないよ」

そして41ページで説明するように、物価が下がっていれば不景気なんだ、ということになるので、どうしたって不景気だってことになっちゃうというわけです。

しかも、政府が景気動向の判断基準にする――の経済指標の多くが改善したとしても、失業率の面から、景気回復を認めない人が出てくるという現象になると一人さんは言います。

「景気が良くなってくると、就職口が引く手あまたになってくるんじゃないかと一般の人は望むんだけれど、今度はそれがそうじゃないの。

日本の国というのは人を辞めさせちゃいけないような風潮があるから、今まで辞めさせるには退職金をたくさん出すとか大変な思いをして辞めさせてきたわけなの。

そうなると、今度景気が良くなったからと言っても、すぐに人を新たに雇うということにはなりにくいんだよ。『また悪くなったときにどうしよう』ということになると、人を雇おうとしなくなっちゃうんだ

しかも、年金が破綻しようとしているから、国は年金の負担率を上げようとかしちゃう。すると企業がその半分を負担しなさいよという話になる。つまり一人社員がいるたびに、ものすごく出て行く金が増えていっちゃうんだよね。

こんなものを勝手に決めるのはいいんだけど、そんなことを決めると、企業は人を雇わない。だから政府は、失業率を増やしているのと同じ政策を取っているんだよね」

というわけです。

「かくして、貿易収支が黒字で、株価が上がって、銀行の不良債権が処理できたなんて

いったら、万万歳なわけだけれど、物価は下がり続ける。物価が下がったらありがたいはずなんだけど、企業はだんだん人を雇わなくなってくるんだ。

要するに就職できない人の数が、増えるか横ばい。この横ばいを捉えてマスコミは、景気が悪いんだ悪いんだと言う。テレビが就職できなくて大変な人のニュースを流せば流すほど、人々はいつ自分もクビになるかわからないという不安にかられて、余計お金を遣わなくなるという状態が起きてしまうんだよ」

テレビが人々に与える影響の大きさについては、前節で指摘したとおりです。これは何もマスコミが悪いわけではなくて、人々が不安な話を望むからそういうニュースばかり流すわけです。「国民もマスコミも経済音痴なんだから仕方ない」ということです。

だから極端なことを言えば、こうした〝本当の経済〟を学んで五〇%以上の人たちが経済音痴から脱却できれば、テレビの内容もガラリと変わり、景気も好転する可能性はあるわけです。

でも、それは遠い話だと一人さんは見ています。

景気回復を妨げる二つの大きな過ち

斎藤一人さんは、景気回復をさまたげる要因として、日本国の二つの大きな過ちがあると言います。まず、その一つ目というのは、お金を回らなくしているシステムだと指摘しています。

「儲かる会社が出てきたときに、例えばその会社は、『税金で持っていかれるよりは』というわけでクルマを買おうって話になるんだけれど、一気にその年のうちに経費で落とせず、五年に分けて二〇%ずつしか償却できない。

すると、来年や再来年は儲かるかどうかわからないのに、今年クルマ買っちゃって大丈夫かなということになるんだよね。しかも五年も乗った後には、価値がほとんどゼロだよ。それなのに買うわけないよね」

かくして消費意欲が起きないというわけです。しかも話はその儲かった会社だけにとどまらず、国全体のお金の循環をも止めてしまいます。

「今年儲かった会社が、その年の決算で全部経費で落とせるんだったら、クルマ買っちゃうよね。買ってもらったほうも、税金を払いたくないんだから何か買う、というように連鎖していくよね。こうしてお金が回っていくんだ。

でも今のようなことをやっていたら、お金も回っていかないから、景気も良くならないよ。つまり儲かってもお金遣わないのにどうやって景気が戻るんですかってことなんだ。

国は、儲かってもモノを買うのに遣わせないぞ、という政策をやっているんだよ」

このようなシステムになってしまっている背景には、儲かった会社にはなるべく経費を遣わせず、なるべく大きい黒字を出させて税金を取っていこうという昔ながらの国の方針があるようです。

でも今は消費税がある時代です。本当は消費税がいっぱい取れるようにモノを動かしたほうが波及効果も大きいはずです。でも、何も変えようとしません。

「買ってもらったところも、儲かれば同じようにほかからモノを買ってということが次々と、玉突きみたいに流れて、どんどん景気が良くなるはずなんだよ。それをやらせないような政策を取っておいて良くなるわけがないんだよ。

本当は（できないだろうけど）企業は儲かったら、何を買っても国は経費として認めますよということにすればいいんだよ。

それなのに後からこれがダメ、あれがダメというから何も買わなくなる。

経営者っていうのは、色んな知恵を使って戦ってるんだよね。

例えば、フラフープ一〇〇本買って客に配って、儲けに繋《つな》げようとする社長だっているかもしれない。それをフラフープ一〇〇本は経費として認めませんと、後で追加で税金を払えとか言い始めるんだよ。だから怖くてお金を遣えないんだよ。

香港なんかだと領収書があればいいんだよ。ただしその領収書を誤魔化したりすると、逮捕なんだよ。でもそうでなければ、だいたい認める。

でも日本みたいに儲かった会社が金を遣えない状態にしておくと、お金が流れないんだよ。ずーっと景気が良くならないのは、どっかで流れを止めている人がいるんだよ。お金って国家の流れなんだよ。その流れを止めている人がいるんだよ」

本当の景気回復を妨げるもう一つの大きな問題について、一人さんは人的な問題も指摘します。

「株が上がったし景気が良くなりそうだといえば、新しい企業を起こして人を雇うところが出てくるはずなんだよね。

でも、日本の国ぐらい社長に対してものすごい重圧をかけるところはないんだよ。例えば会社が銀行からお金借りるのだって、個人保証しろとかいうことになる。会社が潰《つぶ》れたら、そこの社長は家から何から全部取られるようなシステムなわけだから、たいてい社長っていつも暗いんだよ。だから、社長になりたがるヤツはいなくなるんだよね。若いヤツは、サッカー選手や芸能人のほうがいいと思っているよ。つまり球蹴っている人間のほうがいいと思っている。

一万人も二万人も雇用して、国に税金払って、従業員にちゃんとオマンマ食べさせる立派な仕事よりも、モーニング娘に入りたがってるんだよ。

でも、アメリカだと新しい社長が出てくるんだよ。

社長なんていうのは本当はなろうとしても、何人かに一人しかなれないからね。それなのに日本の場合は、なろうという人さえいないから、アメリカに比べて事業を起こそうという人がものすごく少ないの。だから雇用も生まれない。そこに問題があるんだよ」

前節で述べたように儲かった企業が人を雇わないことに加えて、新しい会社もなかなかできないため新たな雇用も生まれず、一向に失業率が改善されないわけです。

そして先ほども指摘したようにそれをマスコミが取り上げ、ますます景気回復にマイナスの影響を与えてしまうようです。

「マスコミのほうはずっと不景気になるような話をするんだよね。たとえて言うと、ＢＳＥ（狂牛病）だって、極端なこと言えば感染牛を食ってもほとんどの人がならないの。しかもＢＳＥに感染している牛って震えているからわかるんだよ。元気に歩いていた牛は本当に元気なんだよ。大丈夫なんだよ。それなのにテレビで、なんでもかんでも牛が危ないって言って、感染牛が足をもつれさせる映像を流し続ければ、安全な牛肉まで食べなくなる。

同じように株が上がろうが、経済にはどこか悪いところがあるんだよ。日本の場合は、失業率という問題から抜けられないんだよ。なぜかというと企業はますます人を雇いたくない。企業を起こす人はなかなか出てこない。そして、マスコミは失業率の悪さばかりを指摘するから、ますます景気は回復しない」

こうして、みんなが納得するような景気回復はあり得ないというわけです。

「あと一〇〇年か一〇〇〇年したら、今のこの状態は笑えると思うよ。あたかも健全な人を病気にしてるように、こんなに健全な国を病気にしているような状態ってなんだってことなんだよね。しかもこれを誰も止めようとしていない」

以上をかいつまんで要約すると、次のようになります。

株価も上がる、不良債権もなんとかなる、しかし今の状態だと企業が人を雇うようになることはまずない。だから雇用は伸びず失業率は改善しない。お金も循環していかない。だから本格的な景気回復はない。

一人さんは、だからこそ商人が、がんばらなければならないと言います。

「企業家というかオレたち商人は、とにかく儲け続けるんだ。国が気がつくのを待っていたら、オレたち干上《ひ》がっちゃうから」

皆さんも覚悟を決めて、共に楽しく儲けましょう。

時代の流れは「モノ不足」から「モノ余り」へ

今の日本はデフレで、モノの値段が下がっています。政府が発表する物価指数を見るまでもなく、昨今の一〇〇円ショップを見ても、あるいは安売り店の急増を見てもそれは明らかです。一般的な経済論ではこの状況を不景気だと判断するようで、テレビや新聞などでは経済評論家も政治家も、この判断を当然だと思っているようです。

ところが、斎藤一人さんはそれに異論があるようです。

「今の経済評論は、ちょっとおかしい」

時代の流れを感じて、独自の判断をしている一人さんはこう言います。

現在の経済評論のいったい何がおかしいのか、少し考えてみましょう。

大雑把《おおざっぱ》に言って次のような理屈から、一般の経済論では「デフレ＝不景気」であるかのように断じます。

不景気になると消費者の手元のお金が少なくなり、モノが買えない状態となって、物価が下がります。この理屈から、「不景気ならばデフレになる」と言うわけですが、この点は確かにそうかもしれません。

でも、問題なのはその逆の場合で、「デフレならば不景気」と断言しているところです。それは次のような図式から出てきています。

モノの値段が下がるのは、消費者に充分なお金がなく、物を買えないからである。お金がないのは不景気だからである。だから、モノの値段が下がるときは不景気である。

この理屈を見ると、私はどうしても「本当にそうなのかなあ?」と思ってしまいます。消費者に充分なお金があっても、モノを買わないことだって現実にあります。それで物価が下がることもありそうに思えるからなのです。

一人さんが「おかしい」と感じているのもまさにこの点のようで、こんな事実を指摘しています。

「デフレだから不景気だというのは間違っているよ。だって、今の日本はデフレだけれど、お金はあるんだからね」

日本の預貯金の総額は約一四〇〇兆円で、依然として世界で一番お金を持っています。ということは、「お金があるのに、人々がモノを買わない」という、経済理論が想定していなかった事態が、今の日本で実際に起こっているということになるわけです。

それにもかかわらず、「今はデフレだから不景気だ」と決めつけている経済評論には疑問を感じてしまいます。少なくとも、今の日本に起こっている状況については、もう従来の経済理論は通用しなくなっているのかもしれません。

ちなみに、あまりマスコミでは取り上げられませんが、このことは一部の経済学者も言っているようで、実際、「マクロ経済学は、需要はいくらでもあるが金がないという時代に生まれた貧乏経済学。供給過剰の時代にマクロ経済学は通用しない」と言う人さえいます。

ところで、すでに通用しなくなっている経済理論をいまだに信じている人たちは、「日銀がお金を世の中に放出すればデフレは止まる」と考えているようです。

この点にも一人さんは異論を唱えていて、独自のこんな判断をしています。

「お金を放出しても、物価はこれからもまだまだ下がる」

その理由はこうです。

「今起こっているデフレの本当の原因は、日本にお金がないからじゃないんだよ。世界が『モノ余り』の時代に向かっているからなんだ。

昔はお金がないから物価が下がった。

これからは、生産過剰で物価が下がるんだよ」

一人さんの判断のキーワードとなるのは「モノ余り」です。

同じようなモノがたくさんあれば、消費者はより安いものを買います。商品が余るようになると、消費者が安いものを選択するため、物価が下がるわけです。

そして、「モノ余り」の時代になる要因の一つを、一人さんは今の国際情勢のなかに見出しているようです。

「冷戦が終わり、現在のアメリカは世界で唯一の超大国だよ。その軍事力と正面から対等に渡り合える勢力はないんだ。だから、これからは大きな戦争が起こることはなくなったんだよね。

そして、戦争がないことは、モノ余りに繋《つな》がっていくんだ」

戦争とデフレ。一見無関係のような二つの事柄ですが、一人さんの判断では、大いに関連があるようです。

もっとも、「戦争がなくなる」という意見には、イラク戦争などを例に反対する人もいるかもしれませんが、「あれは戦争とさえ呼べない。一方的にアメリカがやっつけただけ」と一人さんは言います。

この見方の是非はともかく、経済との関連で肝心なのは、その戦いでどれだけのモノが消耗したかという点にあるようです。そして、第二次世界大戦のような規模でモノを大量に消耗する戦争はもうなくなったということに、一人さんは注目しているわけです。

戦車や飛行機など、戦争で用いられる兵器の価格は、一〇億円、一〇〇億円という単位に上り、戦争ではその高価な兵器を大量に壊しあい消耗していくわけです。さらに、戦闘により工場や発電所など、工業生産力に繋がる施設が大きく破壊されますから、生産力そのものにも大きなダメージが生じます。

また、実際の戦闘がないときにも、いつ大きな戦争が起こるかわからない時代には、それに備えて、新兵器の開発が絶えず行なわれてきました。新しい兵器を開発するということは、旧来の兵器は無用になるということで、古い兵器は使われないまま壊されるしかありません。

つまり、戦争の時代には、生産施設の破壊が何度も繰り返され、しかも高価な兵器の消耗が絶えず続けられており、アメリカを含めた先進諸国では、各国の工業生産力のうち、かなりの部分が軍需関連へと振り向けられていたわけです。

ところが、戦争の時代ではなくなると、事態が一変すると一人さんは言います。

「戦争がないとなれば、今までは戦車をつくっていたところが、鍋や釜をつくり始めるんだ。そうなれば、モノが余るようになるんだよ」

それまで軍需へと向けられていた生産力が、戦争のない時代に入ると、一般消費向け商品の製造へと向かいます。アメリカをはじめとして軍需に力を入れていた各国でそうなれば、民間にはたちまち商品の過剰が起こってしまうでしょう。

ここまでを図にして整理してみます。

【戦争の時代】

大規模な戦争の最中 ➡ 高価な兵器の消耗
そして、
生産施設の破壊 ➡ 極端な物資不足

戦争の準備期 ➡ 新兵器の開発
⇔
旧兵器の破壊 ➡ 軍需生産が続く ➡ 慢性的な物資不足

【平和な時代】
戦争の時代に蓄えた巨大な軍需生産力→民間向け消費財の製造→モノ余り

さらに、一人さんの判断には、もう一つ、根拠があるようです。

「モノの値段が下がる最大の理由は中国だよ。

中国の人口は現在一二億人とも言われている。その膨大な人々がモノをつくって、つくって、つくりまくる。その製品が、これからどんどんと世界中に溢《あふ》れるようになるんだ。

生産過剰によるモノ余りは、これからもっと加速されるよ。

だから、これからの時代、物の値段が下がり続けるのは明白なんだよ」

ご承知のように、鄧小平《とうしょうへい》の時代以来、中国は自国の一部に資本主義経済を導入し始めています。このため、中国へ資本主義国の企業から資本が集まり、急速に工業生産力を高めており、現在すでに世界の工場となりつつあるわけです。

ところが、現在の状況ですら、中国の巨大な人口から見れば、まだ、ほんの一部のことにすぎないのですから、今後、中国の生産力は驚異的な規模にまで拡大すると予想できるわけです。

軍事に回っていた生産能力が一般消費向けの製品をつくり始めること、膨大な人口を抱える中国があたかも世界の工場のようにモノをつくりだしていくこと、この二つが生産過剰を招き、「モノ余り」によるデフレを起こす。

以上が、一人さんの読んだ時代の流れなのです。

【モノ余りの構造】
戦争の時代から平和の時代へ
⬇ 軍需生産力の民生転用
⬇ モノ不足の時代からモノ余りの時代へ ⬇ モノ余りを加速 ⬇ デフレ
共産中国の資本経済化 ⬇ 中国が世界の一大工場に ➡

国際情勢の流れを読んで、このような分析を行なっているからこそ、

「これからも物価は下がり続ける」

と一人さんは判断しているわけです。

ところが、今の日本には「いずれこのデフレが終わり、昔のような栄光が日本社会に戻って来る」という期待が溢れているように感じます。

時代の流れを読み続け、このように判断している一人さんの目には、そんな日本はおかしいと見えるようです。

「私は商人だから、今の政治に文句あるとか、こうしろとかはないいんだ。ただ、こういうことしていたら、こうなるとか、このままいったらこういうことが起きるかなーとかは、わかるんだよね。だってわからないと商人あがったりだからね」

と笑いつつ、次のように言います。

「今、政治家や経済評論家は、日本銀行がお金をもっと放出すればデフレが止まるなんて言っている。でも、そんなことになるわけがないんだよ。

だって、日銀がお金を出せば、中国がなくなるのかい？

そんなことはあり得ないだろう。あり得ないことを言うほうもどうかと思うけれど、変だとも思わないで聞いている人もどんなもんだろうね。

あんなものを聞いていられるのは、それが痛くも痒《かゆ》くもないからだよ。

お金をたくさん持っていて、それにどっぷりと浸《つ》かっているから、平気で聞いていられるんだよね。

つまり、今のデフレだって『人ごと』だと思っている人がいるんだよ。

今の時代をがんばって生きている人ならば、どこかおかしいと感じているはずだ。そんな人が、これからの時代を生き残れるんだよ」

人ごとだと思っているうちは、時代の流れなど決して見えない。あるいは、一人さんはそう言いたいのかもしれません。

時代を読もうと勉強している人には、こんな目くらましは通用しなくなると一人さんは思っているようです。

デフレは一〇〇年続く

物価が下がり続けるのだとして、それはどのくらい続くのかが気になるところです。

斎藤一人さんの見方では、

「少なくとも一〇〇年は続くよ」

ということのようです。一人さんは、このデフレの原因は「戦争がなくなること」と「中国が世界の工場になること」の二つだと分析していました。これらの要素をなお深く考えていくと、この結論に到るようなのです。

まず、中国がデフレに与える影響について考えてみると、人口の膨大さに加えて、人件費の安さにポイントがあります。

現在、日本や欧米など先進諸国のメーカーはこぞって中国に工場を建設していますが、これは人件費の安さに目を向けたものです。中国の人件費の安さは製造コストの低減を可能にしています。名前だけは先進諸国のメーカー品となっているものの、実質は「メイド・イン・チャイナ」である安い製品が世界中に流通していて、物価を押し下げる要因となっています。

また、中国はその人口の膨大さから見て、全世界に「メイド・イン・チャイナ」を氾《はん》濫《らん》させるだけの潜在的な生産力があると考えていいでしょう。そのため今後、安価な製品を過剰に供給し、日本を含めた先進国全体で物価下落をさらに進めることが予想できるわけです。

この傾向は、少なくとも中国の人件費が先進国並みに上昇するまでは続くと見るべきでしょう。

今のところ、飛躍的に発展している上海《シャンハイ》や広州《こうしゅう》などでは人件費がかなり上昇し、急速に先進国の水準へと近づきつつあります。でも、この傾向が見られるのは、先進国の資本が投下されているごく一部の大都市圏に限定されており、中国のほとんどの地域では人件費も所得水準も以前のままです。

現在は都市部だけに見られる人件費の上昇が中国全土へと広がるには、相当な時間がかかるでしょう。日本の約一〇倍に当たる一二億人もの人件費が先進国並みになるまでには、一〇年や二〇年ではとうてい無理だと思われます。

さらに、人件費の問題を考えていくと、中国だけを視野に入れているわけにはいかなくなります。中国の人件費が上がったら、今度は北朝鮮、その次はアフリカ諸国という具合に、人件費の安い国を求めて世界中のメーカーが製造拠点を移していくはずです。こうした流れは、世界に人件費の安い国がなくなるまで続くと考えられるのです。

そして、人件費の安い国がある限り、デフレ傾向は継続していくわけです。

そこで一人さんはこう言います。

「このデフレは世界同一賃金になるまで終わらないんだよ。そうなるのには一〇〇年でも難しい。だから、デフレが続くのは、少なく見積もって一〇〇年ということなんだよ」

どうやら、一〇〇年のデフレというのは、大げさな話ではないようです。

自分の本当の力を出す人は豊かになる

これほどにもデフレが長期になると、現在とは違った形でその影響が出てくるはずです。これについて、斎藤一人さんの見方はこうです。

「今まではモノが余っていたけれど、これからは本格的な人余りになるよ」

現在の日本社会はデフレですが、実のところ、一般の国民は困ってはいないと一人さんは指摘しています。

本来、デフレというのは物価が下がるわけですから、本当は消費者にとっては生活が楽になるということです。実際、デフレでモノが安くなったほどには、ほとんどの人の給料はさほど下がってはいないはずです。給料は下がらずに生活費が下がっているのですから、このデフレで日本の人たちは、むしろ喜んでもいいところです。

だからこそ、このデフレも消費者にとっては、「人ごと」だと思っていられたわけです。

これに対して、現在困っているのは製造業者です。製品の値段は下げなければいけない。かと言って社員の給料は下げられない。こうして経営が圧迫されて苦しんでいます。

現在は製造業者も、このデフレが一時的なものであり、やがて終わると思うからこそ、苦境を辛抱しようとしているわけです。でも、デフレが長期にわたるとわかれば、今までのやり方では生き残れないと、製造業者も本腰で考えるしかありません。

そこで、次に起こるのが人件費を下げるということです。つまり、製造業者が雇用者の数を減らすか、安い給料で働いてもらうという動きになるわけです。

ご承知のようにこうした動きはすでに始まっており、いわゆる「リストラ」という形で雇用者を減らすことは起こっていますし、いくつかのメーカーが中国へ工場を建設しているのも、人件費の軽減を狙ってのことです。

ただし、これから起こる人件費削減はそれまでとは違い、さらに徹底したものになるというのが一人さんの予測です。

「今までのリストラでは働いていない人（会社の都合で仕事がないという意味で、その人が働かない人だという意味じゃないですよ）を辞めさせて、普通の働きの人は残していたんだけれど、これからは違うんだ。本当に厳しいようだけれど、役に立つ人だけしか残れないんだよ。

普通の人さえ要らないようになるんだ。でも、人間には本当にすごい力があるから、ここはがんばって乗り越えるしかないんだよ。

もし一〇人いて、そのうち役に立つ人が三人ならば、残りの七人には辞めてもらう。

そして、残った三人には一〇人分の働きをしてもらい、今までの倍の給料を払う。それでも人件費は今までの六人分ですむ。企業ではこんな計算をするようになるんだ（実際には、ますますデフレが進むから倍額は出せないと思うけど）。

これは本当に厳しい。でも、がんばる人にはきっと乗り越えられるんだよ」

つまり、普通の働きをしているだけではこれからの労働者は生き残れなくなると、一人さんは見ているわけです。


【企業が雇用する基準の変化】

⇔

バブルの時代 ➡ 基本的に全員 ➡ 誰も解雇されない
リストラ時代 ➡ 普通の働きがある人 ➡ 働いてない人のみ解雇
人余りの時代 ➡ 有能な人 ➡ 普通の働きの人は解雇

さらに一人さんは言います。

「これから日本では頭脳労働の時代になるんだよ」

単純労働の場合、人件費の安さでは中国にとうていかないません。そうなると、日本人は、人件費の高さに見合った働きを求められるわけです。高度な技術を要求される仕事、発想の良さを発揮する仕事など、単純労働の何倍もの成果を上げられるものだけが、国内で働く意味を持ちます。それが一人さんの言う「頭脳労働」ということです。

土木工事を例にこのことを考えてみます。

誰でもやれる作業ならば、人件費の安い国の人を雇ったほうが安く上がりますから、それが可能ならば、企業はそちらを選択します。現在の場合でも、日本企業がもし中国での土木工事を請け負ったとしたならば、単純作業に雇われるのは全員が中国人になるはずです。その現場で日本人が雇われるのは、設計士や測量の技師、建設機械のオペレーターなど、単純作業以外の仕事を担当する人だけです。

これからは、その日本人さえも減らされる傾向が出てきます。建設機械の操作なども、それが簡単な技能ならば、中国の人がどんどんやるようになるからです。日本人を雇うのはよほど高度な技能が必要な建設機械のオペレーターか、ごく専門的な知識を持ったエンジニアなどに限られてくるでしょう。

つまり、これからは日本企業が請け負った工事であっても、普通の仕事ができるという程度の日本人は必要とされず、「頭脳労働者」しか用がなくなるのです。

では、工事現場が日本国内ならば、今までどおり日本人が雇われるのかといえば、そうはならないでしょう。日本には海外から単純労働者を入れることをイヤがる傾向がありますから、中国から人を雇えばいいということにはならないかもしれません。それでも、中国との比較から、日本人労働者の人件費の高さは必ず問題となります。

そこで日本の企業は、今までになかったような特殊で高度な建設機械を開発するなどの方法で、作業に必要な人員を減らそうと考えます。

例えば、従来は一〇〇人必要だった作業を、新しい機械を用いることにより一〇人ですむようにしようという方向へと進むわけです。機械が高度になりますからそれを操作するオペレーターにも高度な技術が要求され、その技術を持った人だけが単純労働の何倍もの給料で雇われるようになります。

つまり、日本の工事現場でも単純労働者は不要となってしまうのです。

高度な建設機械の開発、そして、そのオペレーターの養成、こうしたものは教育や技術力の基盤がある国でしかできないことです。つまり、日本には人件費の高さという弱みがある代わり、教育や技術という強みがあり、国内企業はそれを活かして人件費を減らそうとするわけです。

このように、人件費の面で中国に圧迫される国内産業は、日本の技術力を活かすことで生き残ろうとするようになり、その日本で働く人も「頭脳労働」を要求されるという予測が立つことになるのです。

中国の人件費の安さ
↓
国内産業が競争力を失う
↓
国内産業は人件費の削減
↓
労働力の効率化　＝　単純労働者を不要にする
⇔　　　　　　　　⇔
単純労働の機械化　＝　頭脳労働者を必要とする
⇔
人余り

これから先進国にデフレが長く続くと、それが「人余り」という状況を生み、先進国では「頭脳労働者」しか必要がなくなるという時代が来る。

これが一人さんの見る時代の流れなのです。

そんな時代を生きる日本の人に、一人さんはこう言います。

「頭脳労働の時代になると、まじめで腕のいい人が一人いれば、一〇人分も一〇〇人分も仕事ができてしまう。だから、本当に実力がある人だけが生き残るんだよ。

必然的にそういう時代が来るんだ。

イヤだと言っても、厳しいと思っても、時代は変わらない。それよりも、実力が評価される時代が来るんだと思って、喜んだほうがいい。

時代に合わせて生きていくしかないんだよ。

自分の本当の力をふりしぼる人は、今よりも豊かになれるよ」

時代の流れは、もはや、「人ごと」だと言ってすまされないところまで来ているのかもしれません。

でも、実力をつけようとする人ならば時代の変化にも耐えられると、一人さんは思っているのでしょう。

時代の流れに乗れば、必ず儲けられる

「そんなことをオレに聞いているようじゃ、ダメだよ」

知恵を借りようとしている人に、斎藤一人さんは諭《さと》すようにこう言うことがあります。

どんなに不況になっても、デフレでも、この世からお金がなくなるわけではない。お金がある限り、お金儲けをすることはできる。ただし、時代が変わったのだから、昔の観念のままでいては、お金儲けどころか、どんどんお金を失っていくだけ。時代の変化に適うような知恵を出していけば、お金は必ず儲けられる。

一人さんの考え方はこうです。ところが、これを聞いて、「じゃあ、私はどんな知恵を出せばいいんでしょうか？」と尋ねる人がいます。そんな人に、一人さんはその考え方がすでに間違っていると言うのです。

「あなたの職種については、あなたが一番よく知っているはずだよね。これからどんな時代が来るのかわかっているなら、その時代に合わせてどうするのがいいか、その職種について知っているあなたが自分で考えるべきだ。

それなのに、職種が違うオレに、『どうしたらいい?』なんて言っていること自体が、そもそも失格だよ。違うかい?

もしオレが自分の仕事について『私はどうしたらいいんでしょう?』と隣の家の人に聞いていたら、それはおかしいよね。これと同じことだよ。

世の中にはソープランドを経営している人もいれば、鉄工所の経営者もいる。色んな職種があるんだ。その一つ一つについて、オレに聞くのは無理だよ。

その職種の実際を知らないで、具体的な知恵が出るわけはないものね」

仕事の知恵はあくまでも実践のなかで、自分の頭と身体を使って生み出すもの。これが一人さんの考え方のようです。

ですから、自分の仕事に必要な知恵は、その仕事を実践するなかでその人自身が生み出すしかないというわけです。

そして、一人さんはその人の心構えが間違っていると指摘した後、こう付け加えます。

「ただ、時代の流れは、あなたにもオレにも同じように訪れるんだよ。

大事なのは、そのなかで自分がどのように生き残っていくのか、ということなんだ。

どんな時代の流れが来るのかは、オレが教える。

だから、がんばりな」

自分を生かす知恵は人を頼りにせずに自分で出すもの。でも、時代の見方だけは誰にでも共通して役立ってくれる。

時代を読むことで生き残るとは、そういうことなのかもしれません。

第二章　「ひとり勝ち」の時代

大きいほうが勝つ時代は終わった

「一〇年くらい前から、価値観の大きな転換期に入っている。

これからの時代、大きいだけのところはダメになる」

時代の流れを読んで、斎藤一人さんはそう判断しているようです。

確かにここ数年、大企業の倒産や経営破綻、経営危機というニュースが、毎日のように報道されています。余りにその数が多いので、最近ではもう慣れっこになってしまった感がありますが、よく考えてみればこれは大変に異常なことです。

自動車産業では日産自動車やマツダ、三菱自動車工業などが経営難から外国メーカーの傘下となり、証券業界では山一證券の倒産が象徴するように、かつての四大証券も昔日の面影はありません。流通業を見ても、デパートではそごう、スーパーではヤオハン、長崎屋などが破綻し、業界の最大手だったダイエーも深刻な経営危機におちいっています。

もっと異常なのは銀行で、北海道拓殖銀行、日本長期信用銀行などの大手が早くに倒産し、大和銀行とあさひ銀行も合併してまもなく経営破綻、そして最近では足利銀行の破綻など、このほかにも潰《つぶ》れた地方銀行、信用金庫などは枚挙に暇《いとま》のないほどです。

今ではその異常さがわかりにくくなっていますが、ほんの一五年前にはこれらの出来事のどれ一つを取っても想像すらできなかったはずなのです。

例えば、一五年前に、

「日産にフランス人社長が乗り込んでくる」「ダイエーが経営危機になる」「山一證券が潰れる」「拓銀や長銀が潰れる」

誰かに、このうちのどれか一つでも言っていたら、「えーっ、あんな大企業が？　そんなこと起こるわけがないよ！」と笑われてしまったでしょう。

それほどに異常な事態にもかかわらず、皆が慣れてしまったのは、その数の多さだけに理由があるのではなさそうです。私たちのなかに、これらの事態がすでに予想されたことだという意識があるため、さして驚かなくなっていることも、その一因だという気がします。

こうした大企業の倒産が起こるたびに、バブル崩壊の影響、膨大な不良資産、金融システムの動脈硬化、こうした言葉がマスコミによって呪文のように繰り返されてきました。そうした言葉を何度も耳にするうち、私たちはいつの間にか、「この異常事態も、大もとを辿《たど》れば全てはバブルのせいだ」と思い込んでしまっているのかもしれません。

ところが、同じ現象を、一人さんは全く別の視点から見ていたようなのです。

「歴史の流れのなかで、今、価値観が変わってきているんだよ。

大きいものは有利。

何百年も昔からついこの間まで日本を支配していたのは、この価値観だったんだよね。

これは戦国時代や江戸時代の頃からすでにあって、それが明治政府の頃にも継承され、現代に続いていたんだ。

その価値観が、一〇年ほど前から変わり始めているんだよ」

この一人さんの見方は、次のような歴史認識から来ているようです。

戦国時代には領地を拡大することが、戦国の覇者になる道でした。また、江戸時代には徳川幕府が最大の領地を持っていたため、日本全国を支配下に置けました。そして、明治政府は、藩という小国を統一し中央集権国家という大きな国となることで、欧米の国々に対抗しようと考えたわけです。

第二次世界大戦に敗れたときも、日本の人々はアメリカが日本よりも大きな国だから負けたのだと考えました。そして、戦後から現代までその価値観は続き、より広い土地を持っているもの、より大きな組織のほうが有利だと、皆が思っていたのです。

組織は大きなほうがいい。土地は広いほどいい。銀行も大きなほうがいい。メーカーも大きなほうがいい。また、組織が大きいから、民間よりも政府のほうがいい。

こんな具合に、大きなものほど上だという意識があったわけです。

この意識がバブル経済の根底にもありました。あの頃は、企業も個人も競って土地を買い集め、大企業の株を買い漁りました。政府もそれに歯止めをかけるどころか、助長させてしまっていました。

「大きなものは有利だ」

この価値観を疑わなかったため、皆はバブルの危険性に気がつかなかったのです。

ところが、今、状況は一変しています。現在は、ムダに多くの土地を所有しているほど、人も企業も苦労しています。大企業が次々と倒産し、国家は大赤字です。

大きいものの有利は、次々とその実体を失っていっているわけです。

この事実は、大組織への信頼感を徐々に失わせつつあり、従来の価値観をゆるがせていると、一人さんは見ているようなのです。

このように、一人さんは日本人を支配していた価値観という視点から、頻発する大企業の崩壊という異常事態を分析しているわけです。

もちろん、大きいほうが有利という価値観が変わり始めたからといって、人々の意識からただちにそれが消えうせるということではないでしょう。「寄らば大樹の陰」という意識は依然として根強いようで、学生の人気就職先のランキングでも、大企業が上位を占めていますし、公務員人気はむしろ高まっているほどです。

それでも、意識は確実に変わりつつあります。大企業を就職先にと考えていても、かつてのように、その企業が決して倒産しないなどと思っている学生は、もういません。公務員を志向する人も、「絶対安心だから」などと思っているのは意外に少数派ではないでしょうか。

「もう、大組織には信頼感も安定感も感じられない。でも、ほかに何を選べばいいのかわからないから、とりあえずここを選んでおこう」

彼らの本心を代弁すれば、こんなところかもしれません。

つまり、寄らば大樹、という学生たちの選択にさえも、不安感が見え隠れしているのです。

今、何となく皆が、「バブルの後始末が終わったら……」、「銀行の不良債権処理がすめば……」と思っています。

でも、それさえすめば、昔のようになるのでしょうか。

私たちは、「潰れない」と思っていた大企業が次々に倒れていくのを見ました。あれほど「堅い」と信じていた大銀行が意外と脆《もろ》く、倒産さえするのを見ました。

不良債権がなくなったからといって、本当にもう一度、「大企業は安心だ、大銀行は絶対に潰れない」と信じられる日が来るとは、とうてい思えません。

私には、一人さんの言うように、「大きいものが有利」という価値観が確実にゆらぎはじめているように思えるのです。

「大企業といっても要は商《あきな》いだろう。商いと屛風《びょうぶ》は広げすぎると倒れる」というわけです。

「一人勝ち」でなく「ひとり勝ち」の時代へ

価値観が転換し、次はどんな時代へと向かうのでしょうか。

斎藤一人さんに尋ねたところ、こんな答えが返ってきました。

「次に来るのは、『ひとり勝ち』の時代だよ」

一人さんが勝つから、「ひとり勝ち」。初めはそんなジョークかと思いましたが、これは全くそうではなく、もっと別の意味で大まじめに言っているようです。

実は、「ひとり勝ち」というキーワードは、「大きいものが有利」という価値観と表裏の関係にあるようなのです。

そして、「ひとり勝ち」とは何かを考えていくと、「大きいものが有利」という価値観がなぜ失墜していかなければならないのか、その理由となるもう一つの時代の流れを知ることになります。

まず、「ひとり勝ち」とはどういうことなのか、一人さんはあるエピソードを例に説明しています。

「この前、熱海《あたみ》の人に会ったら、熱海にカジノをつくりたいという話をしていたんだよ。そのために皆で政治家に働きかけていると言うんだ。

でも、皆で集まって何かやろうという時点で、もうダメなんだよ。

なぜかというと、それは『ひとり勝ち』じゃないからなんだ。

熱海中のホテルが潰《つぶ》れても、うちは平気だ。自分のホテルだけは繁盛している。そういう状態を目指すのが、『ひとり勝ち』ということなんだよ。

今までは、何をやるのも『皆で』ということだった。皆で話し合って、皆でルールを決めて、皆で実行する。こんなやり方だと、意見調整が必要になる。それぞれが自分の事情を言い立てて、『私はこれはできない』『私はこうだ』そんなことばかり言う。

これからの時代、これでは時間がかかりすぎて、チャンスが逃げていってしまうんだよ。

よその事情がどうあれ、自分はやる。皆で決めるのではなく、自分で決めて自分で実行する。そして、結果を出すんだ。

これが『ひとり勝ち』ということなんだよ」

要するに、「ひとり勝ち」とは、衆を頼まずに自分ひとりでやることが勝ちに繋《つな》がるということのようです。つまり正確に言うと、世間で言うような「一人勝ちの時代」でなく、「ひとりで勝つ時代」になったということです。

これは、個人の「自己責任と実力本位の経営」の時代になったとも言えるでしょう。

熱海の例に限らず、従来の日本的な経営では合議制が普通でした。

皆で話し合って決め、皆で実行する——。このような合議制では下される決定に誰も不服を言いにくくなります。また、突出したリーダーがいなくても、そこそこのレベルの意見に達することもできます。しかし、意思決定から実行までがどうしても時間がかかってしまう、結果に誰も責任を取らないといった短所もあります。

これに対して、意思決定から実行までを経営者がひとりで決める場合、何かが起こったときに素早く対応できるという長所があります。その反面、独断で行なわれますから、その決定のマイナス面が見えにくくなる、恐怖的な独裁体制におちいるといった短所もあります。そのため、このやり方で成果を上げるには、経営者の実力によってそのマイナス面の影響を小さくすることなども必要になるわけです。

このように、「自己責任と実力本位の経営」とは、個人経営者的なやり方だと言えます。

現在は経営環境が目まぐるしく変化しています。そのため、ミスが少ないという合議制のメリットよりも、個人経営的な手法の持つスピードというメリットのほうが重要だということになるわけです。

まずは、これが、「ひとり勝ち」という「自己責任と実力本位の経営」というやり方が優位だと、一人さんが判断する根拠です。

でも、「ひとり勝ち」の有利な面がこれだけのことならば、すでに同じようなことを言っている人も少なくありませんし、あまり耳新しいことだとは思えません。

ところが、「ひとり勝ち」の特徴を、「大きいものが有利」という価値観と対比したときに、新たな長所が浮かび上がってくるのです。そこで、この二つの価値観がどのような特徴を持っているのか、図式的に比較してみましょう。

大きい組織による合議制のメリット　⬇　大量、完成度、安定
個人経営者「ひとり勝ち」のメリット　⬇　個別、おもしろさ、新しさ

大企業では大量生産が可能なのに対し、個人経営では顧客に個別に対応できるのが強みです。つまり、同一商品を何十万、何百万と生産するには大組織が有利ですし、細か

な要望に応じて小ロットで何十種でも何百種でも用意するのは即断即決の個人経営でなければ難しいということです。

また、大組織では多角的な意見を活かした完成度の高い商品ができますが、個人経営では思い切った判断ができるのでおもしろさを追求できるという面があります。

例えば、壊れにくく、運転しやすく、誰もがイヤ味に感じないデザインというふうに、どの面を見ても欠点の少ない車というのは大企業でこそ開発できますが、ほかの面には目をつぶって、ただひたすら速い、とにかくカッコイイなど、一つの長所だけに力を注ぐような車の開発は個人経営でなければ決断しにくいでしょう。

また、細分化された小さな市場に商品を投入するようなビジネスは、小さな企業でなければ採算が合わず、商売になりません。

大組織の場合、商品を安定的に供給しやすいのも長所です。これに対し、個人経営は決定の速さを活かし、時代の変化に応じた新しい商品を素早くつくりだせるメリットがあります。

さて、このような両者のメリットのうち、どちらがこれからの時代に有利に働くか、比較してみれば、結果は明らかでしょう。なぜなら、時代の方向はこうだからです。

大量生産　⬇　個別対応
完成度の高さ　⬇　おもしろさ
安定　⬇　新しさ

かつてはモノが不足していたので大量生産と安定供給が有利でした。また、商品の完成度が全体的に低く不良品が多かったので、完成度が高く不具合が起きないということは大きなメリットでした。

でも、時代が変わり、モノが過剰な時代に入ってくると、かつてのメリットには何の魅力もなくなってきたのです。

どこにもモノ不足はありませんから、消費者は同じモノを大量に供給されても喜びません。それよりも、自分の要求を個別に満たしてくれる商品を望みます。

それに、今の消費者は、いくら完成度が高くてもこれといった特徴のないモノよりは、一つの特徴を思い切り出したユニークでおもしろいモノを喜びます。

また、充分にモノのある時代には、同じようなモノをいつまでも供給されても飽きてしまうため、安定という要素は魅力となりません。それよりも、今の消費者は常に新しいモノを欲しがっています。

つまり、どの場合も、「大きいことの有利」より「ひとり勝ち」の利点のほうを時代が志向しているのがわかってくるのです。

このように比較するとハッキリしてくるのは、「大きいことの有利」とは、モノ不足の時代の有利さだったということです。

これに対して「ひとり勝ち」のメリットは、モノ余りの時代の要求に対応できるものだと言えるのです。

「大きいことの有利」とはモノ不足の時代だからこそ通用した価値観でした。時代がモノ不足からモノ余りへと転換してしまった今、この価値観もまた転換せざるを得ないのは当然のことだったと言えるのではないでしょうか。

どうやら一人さんの言うように、時代は「ひとり勝ち」を求めていると考えたほうが自然なように、私には思えるのです。

「ひとり勝ち」の戦略① 新規客より目の前のお客さん

それでは、「ひとり勝ち」の時代に求められる戦略とは、どういうものなのでしょうか。

斎藤一人さんは具体例を使って、その一つを説明しています。

「居酒屋さんがあるとする。昔は流行《はや》っていたけれど、今はお客さんが三人しかいないと嘆いている。このままでは潰《つぶ》れてしまう、どうすればいいんだ、というわけだよ。

これは簡単だ。その三人を大事にする。その三人の喜ぶことを、ひたすらに考えて実行していけばいいんだよ。

三人が喜べば、明日も来る。明後日《あさって》も来る。それから友だちを連れて来る。そして、新しくやって来たお客さんを、また、ひたすら大事にする。来たお客さんを皆、喜ばせていれば『あそこの店はおもしろい』と評判になる。そして繁盛していくんだよ。

目の前にお客さんがいるのにそれを忘れて、『このままで大丈夫かな』なんて言っていたら、その三人のお客さんも来なくなってしまう。

目の前のお客さんをとにかく大事にして、喜ばれることをする。

商売の秘訣は昔からこれしかないんだよ。

そして、それはこれからの時代にこそ重要になるんだよ」

先ほど考えたように、「ひとり勝ち」の利点の一つは、個別対応がしやすいことでした。

個人経営の特徴を活かし、顧客のニーズを直接受け取り即座に決定を下すことで、細かな対応が可能となるわけです。

つまり、「目の前のお客さんを大切にする」とは、個別対応のメリットを最大限に活かすという意味だと考えられるのです。

そして、その個別対応は「喜ばせる」という点に目標を置きます。目の前のお客さんに何をすれば喜ばれるのかを考え、喜ばれると判断すれば、思い切った手を打ちます。

こうして、ここでも「ひとり勝ち」の経営のメリットである、おもしろさを出しやすいという特徴が活きてくるわけです。

また、これまでの顧客戦略について、一人さんはこのような見方をしています。

「新しいお客さんをとにかく取ろうというのは、昔の価値観でしか通用しない。

これは一昔前のやり方なんだよ」

新規顧客の獲得が最優先というやり方は、自社の商品を購入すればどんな顧客でも必ず満足するという前提がなければ成り立ちません。

顧客が必ず満足するという前提があったからこそ、いかに多くの顧客を獲得するかが勝負となっていたわけです。

しかし、顧客が必ず満足するというのは、モノ不足の時代の話です。モノがない時代ならば、原則的には商品を提供しさえすれば顧客が満足してくれるという見込みも立ちました。

でも、現在のようにモノ余りの時代には、このような見込みは立ちません。商品の基本的な性能はどの会社も似たようなものですから、変わりばえのしない商品をただ顧客に持ち込んでも喜んではもらえないわけです。

そこで、新しい顧客の数を獲得することの前に、現在の顧客を満足させることを考えなければならなくなったのです。

これを整理すると、このようになります。

モノ不足の時代 ➡ 商品提供＝顧客は満足 ➡ 新規顧客獲得が勝負
モノ余りの時代 ➡ 商品提供＝顧客満足とはかぎらない ➡ 現在の顧客の満足が勝負

このように、価値観が転換したため、「新規顧客獲得よりも目の前のお客さんが大事」と一人さんは見るわけです。

実力ある経営者が、個人経営の感覚で運営できる組織へとビルドアップさせ、新規顧客を見る前に、現在の顧客の満足を追求していくことが、これからの生き残り戦略となるようです。

また同様に「ひとり勝ち」の心得として、一人さんは次のことも教えてくれました。

「これからはイヤでもどんどん競争が激しくなって、みんなが痛い思いをしてしまう。でも、一つだけ、それに巻き込まれずに商売をうまく運ばせるコツがあるんだよ。

それは『数値化できないもの』をお店や商品につけることなんだよ。

例えば『世界最小……』とか『他店よりお下げします』とか数値化できるものばかり追うから苦しくなるんだ。そうじゃなくて、測れないものを追求すればいいんだよ」

こう考えると、例えば店舗では、「笑顔を絶やさない」「占いに詳しくなってお客さんをみてあげる」「おもしろいギャグを言う」「お客さんに一言、愛のある言葉をしゃべる」「手紙を書く」……など、いくらでもやり方はあるというわけです。

これはどんな業界でも応用できる戦略なのではないでしょうか。

「ひとり勝ち」の戦略② 売るためにお客さんを喜ばすのではダメ

これからの時代に必要なこととして、斎藤一人さんは次のような指摘もしています。

「売り上げを伸ばすために、お客さんを喜ばせるんじゃないんだよ。

喜ばせるから、売り上げが伸びるんだ。

これを同じことだと思っているようじゃ、ダメなんだよ」

これを聞いたとき、正直に言って私は同じではないかと思いました。二つの言葉の差は、ほんの微妙なものだという気がしたからです。

ところが、このニュアンスの違いを感じ取れるかどうかが、これからの時代には決定的な差となって現れてしまうようなのです。

一人さんは二つの言葉の違いを、こう説明します。

「売り上げを伸ばすために喜ばそうとしている人の側にいて、お客さんはうれしいと思うかい？

そんなところにいてお客さんは楽しいと感じるかい？

感じないだろう。

今までの商売のやり方では、儲けよう、儲けようとしていた。すると、そのうち儲からなくなったんだよ。なぜならば、お客さんが楽しくないからなんだよね。

例えばデパートがそうだった。来たお客さんにどうやって売ろうか、そればかり考えていたんだ。売り上げを伸ばすことばかり考えているうち、デパートはおもしろくなくなってしまったんだ。だから、お客さんがデパートへ来なくなったんだよ」

売り上げを伸ばすために、お客さんを喜ばす。

この言葉を遣う人には、顧客のことよりも、自分たちを中心に据えた意識があります。つまり、「企業側」、「売る側の視点」からビジネスを見ているということです。それが問題なのだと一人さんは言いたいようなのです。

すでにふれたように、モノ余りの時代には顧客満足の追求が勝負の分かれ目となります。

ところが、売る側の視点からビジネスを見ている場合、顧客の満足を追求し、喜ばれることをしているつもりで、実は少しも喜ばれていないことが見えなくなるという危険性があります。

また、満足とはあくまでも心理的なものです。ビジネスをしている人が顧客よりも自分たちに意識を向けていると悟《さと》られれば、顧客の満足は必ず損なわれます。

つまり、これからの時代には顧客満足が勝負を決するため、売る側の視点からビジネスを見る意識はもう通用しないということになるのです。

ことに、小売業のように、顧客が一般の消費者である場合、それを悟られれば間違いなく顧客に逃げられてしまいます。

「アメリカ人にはレジャーが多いんだよ。だから、買い物なんかその後にするパーティなんかの準備にすぎない。要するに、買い物はただの仕入れと同じだから、安ければそれでいいんだよ。だから、倉庫みたいな超大型スーパーが流行《はや》るんだ。

でも、日本人にはレジャーが少ないんだよね。買い物をすることそのものがレジャーなんだ。だから、買い物が楽しくないと誰も来なくなってしまうんだよ」

一人さんは日本の消費者について、このように見ています。

ですから、一般消費者を直接顧客とする場合、顧客満足とは「楽しさ」を意味するので、売る側の視点からビジネスを見る意識は致命的だということになるのです。

さて、売る側の視点の対極にあるのが、顧客からの視点ということになります。一人さんはこれについて、次のような例をあげています。

「あるスーパーが潰《つぶ》れそうになったとき、マグロを客の目の前でさばいて売るということを始めたんだ。

お客さんは一〇〇キロ近くもある本マグロを目の前に出され、日本刀ほどもある長い包丁でマグロをさばく様子に驚いた。珍しいものが見られるというので評判になり、食品売り場に客が集まって来たんだよ。

これが、お客さんを喜ばせるから売り上げが伸びる、ということなんだよ」

一人さんの言う「お客さんを喜ばせるから、売り上げが伸びる」とは、顧客の視点から見るという意識で、顧客の満足を追求するということのようです。

この実演販売でのマグロの売り上げなど、高が知れています。そのうえこれをセッティングするには、少なからず手間がかかるはずです。そんなことをするよりも、普通に作業場で解体したほうがはるかに楽です。

ですから、もしこの実演販売の担当者が売る側の視点でビジネスを見ていたら、手間の割に大して売り上げに貢献しないような、マグロ解体の実演など考えなかったでしょう。そうではなく、「顧客を喜ばせたい」という意識が先にあったからこそ、このヒットに繋《つな》がったと推測することができるわけです。

つまり、売る側の視点からではなく、顧客の視点からビジネスを見る意識を持つことで、初めて本当の顧客満足は追求できるということなのです。

二つの意識と顧客満足の関係をまとめてみます。

売り上げのためにお客さんを喜ばせる ➡ 意識が売る側中心 ➡ 顧客満足を損なう
お客さんを喜ばせると売り上げが伸びる ➡ 意識が顧客中心 ➡ 顧客満足に繋がる

一見同じように見えた二つの言葉ですが、このように、全く対極的な意識が底に潜んでいたわけです。そして、その意識の持ちようを誤っていては、これからの時代には通じないということなのです。

先ず「お客さんを喜ばせる」という視点を持つこと。これがビジネスのカギとなる時代が来たのかもしれません。

会社は全てトップ次第に

「これからの企業が伸びるのも潰《つぶ》れるのも、トップの実力次第だよ。なぜなら、会社はトップが絶対という時代になるからなんだ」

次の時代では、企業はこんな形態に向かうと、斎藤一人さんは見ているようです。

価値観が変わって「ひとり勝ち」の時代に入ると、従来の大企業的なやり方より個人経営的なやり方のほうが有利に働くということは、これまで見てきました。そして、個人経営のやり方を大きな企業で実践する場合、トップ絶対という体制が必要だと、一人さんは見ているわけです。

トップ絶対の体制が必要な理由について、一人さんはこう言います。

「会議で、ああでもない、こうでもないと時間を使い、結局は、ほかの会社のやり方を模倣するだけというのでは、遅くてしょうがないんだよ。

社長が自分だけで即決し、会社全体がそれに従って迅速に動く。これからの企業はこんな形で『トップ絶対』という体制にしないと、生き残れないんだよ。

これは個人経営の会社と同じだ。

これからは、大企業も個人経営のようになっていくしかないんだよ」

個人経営のメリットとは、個別対応、おもしろさ、新しさという三つの点にあり、これらが次の時代に顧客満足を追求するうえで有利に働くということでした。

これらのメリットが出てくるには、トップの決断、全社のそれに対する反応、顧客ニーズなどの情報獲得と伝達、こうしたあらゆる面でスピードが要求されます。

そこで、合議制を廃し社長だけの判断で会社の意思を決定することと、それに全社員が絶対的に従って行動するという、トップ絶対の体制が必要になってくるわけです。

これを図式にして整理してみます。


時代が求める三要素＝顧客満足 ➡ スピードのある経営が必要

経営者が単独で意思決定

経営のスピード化 ➡ そして ➡ トップ絶対の組織

全社が即座にそれに従う

（結論） 顧客満足 ⬇ トップ絶対の組織

このような体制はアメリカでは普通に見られるそうですし、日本企業でも着実に伸びているところでは、すでにこのような体制へと近づいてきているようです。

現に今どき際立った好業績を上げたり再建に成功して注目を集めている会社は、会社組織そのものよりも、経営者が脚光を浴びています。

次に、トップ絶対の体制について、一人さんは重要なポイントを指摘しています。

「トップの意思で全社が動くということは、トップの実力次第で企業の業績が決まるということになるんだよ。

言ってみれば、戦国時代みたいなものだね。

ただし昔とは違って、何か失敗が起こっても殿様の代わりに家老が腹を切ってくれたりはしない。会社が失敗したら、トップは下に責任を取らせることはできないんだ。

自分の腹を切るしかないんだよ。

要するに、赤字を出せばトップ交代ということだ。トップとして全社を動かす代わり、実力がないとわかれば、ほかの人にトップの座を追われるんだよ。

トップは決定を全て自分の責任においてやる。出てくる結果についても、自分で全責任を負うんだよ。

だから、これからの時代は、実力のある優秀な人しかトップになれないんだ」

優秀な人しか企業のトップは務まらないという見方については、こんな異論もあるかもしれません。

「いや、社長が平凡な人でも、優秀な補佐役がいれば企業は大丈夫なんじゃないか。実際、大企業では先代から仕えてきた優秀な大番頭が、平凡な二代目社長を補佐して、業績を伸ばしているところもある。先代からの大番頭がいない社長も、有能な人を探してきて自分の補佐につければいいのではないか」

これについて、一人さんの見方はこうです。

「昔なら、殿様は家柄で決まるところがあったので、優秀な補佐が何とかするということもできたんだよ。少し前までの日本にも、江戸時代の名残《なごり》のようなところがあったから、血筋で社長を決めて大番頭が補佐役でも通用した。

でも、これからは状況が厳しくなり、競争が当たり前という時代になるよね。

すると、トップが優秀でない場合、優秀な補佐をねたんだり、自分の後がまを狙っているんじゃないかと疑って気が気でなくなってしまったりする。そして、優秀な補佐をつけても、その人を使いこなすより、追い出すことを考えるようになってしまうんだよ。結局、優秀なトップでないと、優秀な補佐を使いこなせなくなるんだ。今は三国志の時代のように、諸葛孔明《しょかつこうめい》が出てきて劉備《りゅうび》を皇帝にするようなわけにはいかないんだよ」

企業はトップ次第。トップの実力が企業の生死を決める。これからの企業経営者には、これまでの時代にも増して、重い責任がのしかかって来るわけです。

でも、今まで以上の責任を求められる代わり、企業トップにはこれまでよりもプラスの面も出てくるはずだと、一人さんは言います。

「実力を求められる代わり、報酬もこれまでとは変わってこなくてはならないんだよ。今までとは違い、経営責任者の給料は一億円、二億円は当たり前ということにする必要があるんだ。

そうでなければ、実力主義の企業トップなど望めないよ。

今までの日本のように、社長の給料が社員の何倍以内、などと国が口を出しているようではどうにもならない。このままでは、日本企業が時代の潮流に取り残されてしまい、日本経済はダメになるだろうね」

なかなか変わらないのがこの国の制度ですが、経済界の要請に押されてこのことだけは少しずつでも変わっていくだろうと、一人さんは見ているようです。

トップ絶対体制だからこそ従業員を喜ばせる

トップ絶対と聞くと、規律で縛り付けて従業員を従わせることだと思いがちですが、これでは社内にやる気が失われ、活力がなくなってしまいます。

人間洞察にもとづいて、時には愛を持って叱ってくれる人も必要だというのが、斎藤一人さんの見方です。でもこれは、全社を恐怖で従わせる、ということとは違うようです。

一人さんは、その考え方についてこう言います。

「オレはいつも、目の前の人を喜ばせようと考えるんだ。それがお客さんであっても、従業員であっても同じなんだよ」

顧客の満足を追求する組織をつくるには、経営者は従業員の満足を追求しなければならない。一人さんはそう見ているようです。

「厳しくしなければ死ぬのなら、厳しくするよ。でも、もっといい方法があるのなら、そんな必要はないんだ。

まずやり方を教える。手本を見せる。やらせてみる。そして褒めてやる。とにかく、褒めることが大切なんだ。

これが人に仕事を教える基本なんだよ。オレに本当に『喜ばせよう』という気持ちがあれば、たいていの人はこれで仕事を覚えていくんだよ。そして、仕事を覚えるということは、その人がお客さんを喜ばせられる人になったということだ。

そうなれば、その人の思うように仕事をさせてもいいんだよ。オレが責任を取るから、どんどんやれと言ってやる。

人は感情で動く。

喜ばせれば、結果がついてくるんだよ」

自由放任でもなく、規律で縛るのでもない。従業員が真に喜ぶことは何か、それを考える。褒めることが必要な人もいれば、厳しくするのが必要な人もいる。目の前の人に必要なことをやる。それがトップ絶対の組織をつくっていく。

これが、一人さんの言いたいことのようです。

ところで、「ひとり勝ち」の経営手法を取るうち、経営者の態度も変わってくると、一人さんは言います。

「自己責任でがんばっていれば、誰でも自然に、人を本当に喜ばせようと思うようになるものなんだよ。

経営者もそうだよ。

一〇〇％の自己責任でがんばるのは大変なんだよ。余りに苦労が過ぎると、人に言うのもイヤになるほどだ。

でも、そうやってがんばっていると、色々なことが見えてきて人に優しくなるんだよ。テレビでマラソンを見ているとき、遅いランナーをバカにする人がいる。そんな人は、ビリがいると、『なんだ、あいつはビリか』と言ったりする。

でも、一回でも自分でマラソンをしてみな。走って走って、死にそうになるよ。そうすれば、ビリの選手にも拍手するようになるから。競技場に選手が帰ってきただけでも、拍手するようになる。途中で倒れた選手なんかを見たら、涙が出てくるはずだよ。一度でも、自分で大変さを経験すれば、同じ境遇の人の気持ちがわかるようになるんだ。

これと同じだよ。経営者も自己責任で必死にがんばり続けていれば、従業員のできがどんなに悪くても、がんばっているだけで拍手してやりたくなるんだ。『こいつを喜ばせてやりたい』と思うようになるんだよ」

従業員を喜ばせたいと思う経営者でこそ、トップ絶対という組織をつくれる。そして、自己責任で経営をしていると、従業員を喜ばせたいという感情が経営者のなかに生じるようになる。

一人さんの経営哲学は、そういうことのようです。

つまり、人は感情で動くという洞察が、顧客や従業員のみならず、経営者自身にも当てはまると、一人さんは見ているわけです。

これはあくまでも斎藤一人さんという一経営者の手法であり、独自の経営哲学にもとづいた見方です。

でも、そこにはビジネスという戦いを日々繰り広げている人でなければ得ることのできない知恵があると、私には思えるのです。

「ひとり勝ち」の時代には、「人は感情で動く」という洞察が、ビジネスの実践で深い知恵をもたらしてくれるのかもしれません。

第三章　おかしな日本はだらだらと続く

急激な変革はなく、だらだらとこのまま行く

これからの時代、日本社会がどうなるのか、斎藤一人さんの見方はこうです。

「貧乏な人が暮らしやすい国になって、皆が働く気をなくす。

この流れは、多分、止められないだろうね」

日本の政治家についての分析がその根拠となっているようで、一人さんは独自の見方を示しています。

「日本の政治家というのは、本来、経済観念がない。

だって、経済観念が発達している人ならば、政治家になろうとしないよ。政治家というのはもらっている給料より、政治資金のほうがはるかに多くかかるものだよ。経済的に見れば、絶対に合わない職業だ。そんな立場に、必死になってお願いしてまでなりたがる人に、経済観念があるとは思えないんだよね。

選挙では、そんな経済的に合わない仕事をしたがる経済観念のない人たちのなかから選ぶんだから、誰が政治家になっても同じことだよ。

経済観念のない人が政治を行なうため、経済政策は間違ったものを続けていく。国の財政は悪化を続け、借金が膨らんでいく。

異論のある人もいるだろうけれど、オレはそう思っているんだよ」

では、なぜ間違った経済政策が続くと判断しているのか、その根拠として、一人さんは、選挙制度の持つある特徴を指摘します。

「あの人たちにとって一番大切なのは、ただ当選することだけなんだ。そうなると、どうしてもお金のない人に有利な政治が行なわれやすいんだよ。

投票権はお金のある人もない人も同じく一票ずつ持っているよね。また、社会にはお金のある人よりもない人のほうが圧倒的に多いんだ。すると、お金がない人を優先した政策を行なうと約束すれば、票を集めやすいことになるんだよ。

だから、当選することだけしか考えていない人は、結果も考えずに、お金のない人を優先するような政策ばかりやるようになるんだ。そして、お金がない人を優先すると、お金のある人に不利な政策が行なわれることになる。

でも、これは経済の活力を失わせてしまうんだよ」

このことが一番わかりやすいのは税制です。

個人の所得について考えると、現在の日本では、アメリカなどと比較しても、高額所得者に対して、より厳しい累進課税となっています。最高税率はアメリカでは三〇％ほどであるのに対し、日本では半分以上も税金として徴収される仕組みです。つまり、大きな所得を得た場合、アメリカよりも日本のほうが随分と高い税金を払うことになるわけです。

このきつい累進課税は、日本で働く人の心理に悪影響を与えてしまいます。

仮に、ある年に一億円を稼げそうな人がいるとすると、この人が一〇〇〇万円稼いだ時点で、こう考えても不思議ではありません。

「ここまでがんばって働いてきたけれど、このままがんばり続けても、半分も国に持っていかれる。今年はこの辺で働くのを止めておこう」

さらに、この税制に加え、所得の低い人を優先し、暮らしやすい政策を行なうのですから、「この程度の所得が生きていくのにちょうどいい。この辺で働くのを止めておこう」という気持ちがますます生まれやすくなります。

また、企業の事業税についても、アメリカの実効税率は約三〇％ですが、日本では四〇％となっており、ここでも大きく稼いだ優良企業にとって、アメリカより日本は損な国となっているわけです。これでは、より大きく稼げる日本企業ほど、事業の中心を日本からアメリカへと移すことを検討したくなっても無理はないでしょう。

このように、日本の税制は個人の場合でも企業の場合でも、稼げる能力のあるものほどその労働意欲を失ってしまうような仕組みになっているのです。

こうして個人からも企業からも、日本で働くという意欲が減退し、経済の活力が失われていくわけです。

ところで、経済の活力が減退していくと、税収が落ち込んで政府の財政が厳しくなっていくはずです。それでも、間違った政策は続くというのが一人さんの判断です。

「政治家には経済観念がないから、先行きがわからないんだよね。だから、財政が苦しくなると、帳尻を合わせようとして、ますます稼いでいるところから取ろうとするんだ。それでますます、経済活動の意欲を失わせていくんだよ。

でも、オレは商人だから、こうしたほうがいいとかダメとかは言わない。ただ、このままいけばこうなるな、ということなんだ」

そして、日本が具体的にどんな状況になっていくか、ヨーロッパ諸国での実例をもとにして、一人さんはこんな見方をしています。

「経済に関しては、今のところ日本は一等国だよ。でも、貧しい人が暮らしやすい政策を取っていると、誰も働かなくなるんだよ。

そのうちきっと、皆が『ヨーロッパ並みにバカンスの時間を増やせ』と言い始めるよ。これは働く気を失っている証拠だ。

あるいは、二〇年以上前のイギリスのように、ストライキが頻発するかもしれない。これは、誰も働きたくないのでストを起こしていたんだ。このままいくと、当時のイギリスのように、日本の人も働かないようにするためには、命までかけるようになるかもしれないね。

そうなった頃には、経済はもう手がつけられない状態になっているはずだよ」

以上が、一人さんが時代の流れを読んで判断した、日本社会の今後です。

では、この状態はどのくらい続くのかそれが気になるところですが、一人さんはこう見ているようです。

「日本には今お金があるから、それを使い果たすまでは、このままだらだらと続くよ。そして、経済音痴の政治家の手におえなくなった頃、ようやく、少しずつ経済が変わる。

それまでが、だいたい三〇年ぐらいだろうね」

だらだらとこのまま、三〇年続く。

この国に暮らす私たちにとって余りうれしくない予測かもしれませんが、あくまでも、これは日本という国についてのことです。

この時代の流れを踏まえて、個人がこれからどうするかは、別のことです。たとえ不利な政策を国が取ってもお金持ちになろうとするのか、国と同様にだらだらと三〇年間を過ごすのか、それを選ぶのは自分自身です。

時代を知ろうとする人はきっと明るい未来を選ぶだろうと、言外に一人さんが言っているように私には思えるのです。

おかしな日本①　子供を預からない保育園

「日本はこのままだらだらと続く」という予測は、斎藤一人さんがこの国のおかしな面を感じ取って、そこから判断した結論のようです。

日本のおかしな面とは、例えばこんなところにあると一人さんは指摘します。

「公立の保育園で、子供を四時までしか預からないところがあったんだよ。それで、母親が迎えに行くのが四時に少しでも遅れると、不機嫌そうに文句を言う保母さんもいたんだよね。

でも、保育園というのは、親が働いている間、子供を預かるためにつくったはずだよ。母親がまだ働いているのに、もう預かれないというのは目的に反している。

それどころか、四時までの保育園では、親が夜に働いている場合は子供を全く預かってくれないということになる。親が働いているのに子供を預かれないというのでは、何のために保育園があるのかわからないよ。

これは、おかしいよね。

保育園で雇われているのは公務員だし、四時までと決めたのは国だよ。目的と合わないようなおかしなことをやっていて、国も公務員も変だとさえ思っていない。こんなことを平気でやっている国なんだよ」

このような見方に対して、政治家やお役人のなかには、こんな反論をしたい人もいるかもしれません。

「小さい子供がいるのに、母親が夜に働くのがそもそもけしからん。楽に稼げるからといって、夜いかがわしい所なんかに勤めずに、昼間の仕事をすればいいんだ。子育てをないがしろにして、そんな所で働くような母親に、国が手を貸してやる必要はない」

もちろん、ここまであからさまに言う人は少ないでしょう。でも、内心ではこれが本音だという人はいそうです。また、政治家やお役人でなくとも、このように考えている人はいるはずです。

このような意見に、一人さんはこう答えています。

「今の日本で、女手一つで子供を抱えて生きていくのは、本当に厳しいことなんだ。昼間に働けなんて言っている人は、現実を知らないよ。時給八〇〇円や九〇〇円のパートで働いて、体が壊れそうなほどやっても、手取りが月に一五万円もいけばいいほうだ。これで幼い子供抱えて生きていくのがどういうことか、考えてみな。

職業に貴賤《きせん》はないよ。

子供と一緒に生きていこうと、一生懸命働いているんだよ」

事情を抱えて働いている母親は大勢います。そんな人にとって、自分が働いている間、子供を預かってくれる所を見つけることには生活がかかっています。そのため、現在、夜間に子供を預かる民間の託児所が増えていますが、なかには無許可のところもあるようです。

少し前、こうした無許可の託児所で、預かっている子供を虐待して死なせたという事件がありました。また、こうした施設のなかには充分なサービスができていないところもあり、うつ伏せで寝ている子供が窒息死したという事件もありました。

このような事件を耳にして不安を感じながらも、自分と子供が生きていくためには、夜間に預かってくれる民間の託児所へ預けるしかない母親が大勢いるわけです。

「無許可託児所の事件があって、世論が騒いだときに、『保育園を増やすから大丈夫だ』と、平気な顔で国は答えていたよね。

四時までしか子供を預からないのでは、保育園の数なんかいくら増やしても何の役にも立たないのにね。

自分たちのやっていることが、現実とズレていることにさえ気づいていないんだよ。政治家もお役人も、肝心なことを誰も変えようとしないんだ。

全く、すごい人たちの集まりだよ」

これほどおかしなことさえ変わらない国。

一人さんが、「このままだらだら続く」と日本の先行きを予測するとき、このような日本の特徴が判断の基盤にあるようです。

おかしな日本②　健康な人しか行けない病院

保育園のほかにも、本来の目的とズレたことをしている公共機関は、まだまだあるようです。斎藤一人さんがこのような例としてあげているのは病院で、その特徴をこんな言葉で表現しています。

「日本の大病院は、健康な人しか行けないんだよ」

こう聞くと、「まさか、冗談でしょう」と思われる人もいるでしょうが、実は、私も一人さんと同じように感じたことがあるのです。

昨年の夏、私の祖父が、ある大きな病院に検査を受けに行ったときのことです。

検査はもう何ヶ月も前から決まっていて、病院が指定した日時に行ったのですが、

「少しお待ちください」

と言われ、そのままなんと三時間近くも待たされてしまいました。

待合室にいたのはお年寄りがほとんどでした。それなのに冷房がガンガンに利いていて寒いくらいでした。何人もの人が「もう少し暖かくしてください」と言っても、まっ

たく変わりません。

祖父は、寒いところに何時間もいたため、カゼをひいてしまいました。四〇度近い熱を出し、結局入院したのです。

高齢での発熱は負担が大きかったようで、何日もベッドから起き上がれなくなってしまいました。高熱や副作用のせいもあり、痴呆の症状まで出はじめました。

私は、検査で行っただけでなんでこんなに悪くされてしまったのか、もともと具合の悪かった人なら死んでいるじゃないか、病院は何を考えているんだ、と強い憤《いきどお》りを感じました。

一人さんは病院について、こう言います。

「国立病院だとか大学病院だとか、今の日本の大病院ではいつも患者が何時間も順番を待っているよね。それを病院のほうでは、当たり前だと思っているようだ。

あれでは、健康な人でなければ行けないよ。だって、病気の人が何時間も待たされていたら死んでしまうものね。

何時間も待たされて、やっと順番が回ってきたら、診察はほんの数分。

こんなことを平気でやっている病院はおかしいよね」

今の病院はおかしい。あの出来事があってから、私も本当にそう思うようになりました。

ところで、少し前に、経済特区構想の一つとして、病院経営に株式会社を参入させようという動きがありました。結局、医師会などが猛反対して実現には到りませんでしたが、このことについて、一人さんはこう言っています。

「病院は医者しか経営しちゃいけないというのは、おかしいよ。本当は、株式会社でも何でも参入させればいいんだ」

ところが、これに反対する人たちはこう言います。

「株式会社が病院を経営すれば、必ず営利に走る。儲かればいいとばかりに、高価で必要のない検査や処置ばかりするだろう。これでは医療の低下を招くし、患者が困るはずだ」

この意見に、一人さんはこう答えています。

「株式会社の病院がろくでもないところになるようなら、患者は行かないだけだよね。病院を選ぶのは患者だよ。イヤなら行かない。患者が困るような病院は、誰も行かなくなるんだから、放っておいても潰《つぶ》れる。少しも患者は困らないよ。

それよりも、病院のやり方に選択肢のないことのほうが、よっぽど患者が困るんだ。どこも平気で何時間も待たせる病院しかないんだから、患者には選びようがない。選択肢がなければ患者が逃げる心配がないから、病院はいつまで経っても、おかしいまま。だから、株式会社でも何でも参入させて、患者に選んでもらえばいいんだよ」

また、反対する人のなかには、こんな意見もあるそうです。

「株式会社になれば、小児科など診察に時間がかかり採算が合わない部門は切り捨てられるだろう。また、株式会社の進出に押されて、従来の病院も小児科から手を引くようになり、社会的に小児科が減る」

でも、こんな場合こそ政府の出番です。小児科が増えるような政策を行なえば解決するのではないでしょうか。

このように、株式会社が医療に参入することに対して反対をする人たちの意見には、どうも「何が何でも」という気持ちが見え隠れしている気がしてなりません。

「個人としてのお医者さんはみんな一所懸命だし、すばらしい人がほとんどだと言っていいと思うよ。

だけど組織としての医師会とか病院はただ、膨大な保険料などを既得権益だと思って、ほかの人間に取られたくないだけなんじゃないかね。自分たちが今握っているパイを守りたいんだ。

そのくせ、病人が何時間待っていても構わないんだよ。

どんな言い訳をしても、現実にやっていることは、結局そういうことだよね。

こんなおかしなことも、誰も変えようとしないんだよ」

大病院で病気の人が何時間も待つという光景も、このままだらだらと、続いていくしかないようです。

おかしな日本③　国民を守らず政治家を守る警察

「この国にとって大切なのは、人の命じゃないんだよ」

斎藤一人さんはこう言います。

大げさな言い方に聞こえるかもしれませんが、本当にそんな気がしてくることもあるのです。ことに、人の命がかかっている場合に国の対応に首をひねりたくなることが多くあります。

一人さんは、そんな例としてこんな出来事をあげています。

「救急車で患者さんを運ぶ救急救命士という職業があるよね。患者さんの状態によっては、病院へ着く前に、救命士がある特殊な方法で人工呼吸を行なえば、救命率がとても高くなると、アメリカなどの実績からわかっていたんだよ。

日本では救命士がこの方法を行なうのは法律で禁止されていたため、何とかこれを変えようと救命士たちが運動したところ、ほとんど反対する人はいなかったそうだ。

それなのに、この制度が変わったのは、正式な運動を始めてから三年ほども経った最近になってからなんだよ。

反対する人がいないのに、人の命に関わる制度を変えるのに三年もかかる。もし反対する人がいたら、いったい何年かかったんだろうね。

この国では、人の命よりも制度が大事なんだ。

やっていることを見れば、そう思うしかないよね」

もっとすごいのは警察だと、一人さんは言います。

「例えば、誰かのことを『ぶっ殺してやる！』と追っかけまわすようなヤツがいて、警察に助けを求めたとするよ。

でも、警察は守ってくれないんだ。民事不介入といって、個人同士の事情には立ち入らないことになっているんだよ。

そして、その人が殺されると、初めて警察が出てくるんだ。

日本という国では、規則を破ったヤツ、秩序を乱したヤツが逮捕されるということになっているんだよ。だから、そいつが人を殺す前までは、警察は出てこない。まだ規則を破っていないし、秩序を乱してもいないからだ。

要するに、警察は人の命を守るより、秩序を守るほうが大切なんだよね。

日本という国の法律は、そうなっているんだよ」

誰が考えてもこれは理不尽です。

でも、実際に埼玉県の桶川《おけがわ》市で起こった、ストーカー殺人事件での警察の対応などは、理不尽そのものでした。あの事件以降も数々のストーカー事件は起こっていますが、警察は何もしてくれないことが多いというのが現実のようです。

こんなことが放置されている理由を、テレビなどで時々目にするある風景が象徴的に表していると、一人さんは見ているようです。

「こんな法律が何で通るのか、その理由はたった一つだよ。

それは、政治家は自分がいつも守られているからなんだ。

政治家にはいつも警官がついている。自分たちが守られて安全なところにいるから、ただ秩序を乱したヤツを捕まえればいいと思い込んでしまうんだ。

でも、これはおかしいよね。

そもそも、政治家は国事に身命をかけると言って当選したんじゃないのか？　総理大臣なんか、国のために命を投げ出すと国民に言ったはずだよ。

それなのに、どうして総理の護衛が一〇人もついているんだ？

税金を払って警官を雇っているはずの国民が命を狙われても、何もしてくれないのに、命を狙われてもいない政治家にどうして一〇人もついているんだい？

政治家は自分たちが守られているから、国民の危険がわからなくなっているんだよ」

このような見方には異論のある人もいるでしょう。それでも私には一人さんの指摘には一理あるように思えてなりません。

人の命より、制度や秩序のほうが大事。国民よりも政治家を守る。

どうやら、この国にはおかしなことが、いくつも山のように積み重なっているようです。

かくして、だらだらは続く

おかしいことだらけの現在の日本。これを踏まえて、斎藤一人さんはこう結論します。

「これだけのことを放っておいて、『国のためを考えている』と言う政治家がいる。

そして、それを選ぶ国民がいる。

これではこの国が急に変わるわけがないよね」

だからこそ、「日本はだらだらと、おかしいまま行く」と一人さんは見ているわけです。

現在、日本では小泉総理が構造改革を行なおうとしています。道路公団の民営化など、余りに多すぎる特殊法人を何とか減らそうとしていますが、これはなかなか進んでいないようです。

「特殊法人を減らすなんて、あんなことは当たり前だよ。誰が見ても、あんなにあるほうがおかしいんだから。ところが、それに手をつけようとすると、大騒ぎになって進まない。当たり前のことをやろうとしてもできないんだよね。

これが今の日本なんだ。だから、これから政治を当てにするのも、おかしいんだよ」

政治を当てにしない。一人さんの判断によれば、時代の流れを見るとき、これを前提として考える必要があるということになります。

ところで、このような時代の流れが変わる時が来るとすれば、どんなところにその兆候が現れるのでしょうか。

「まともな政治家が出てきて、それに賛成する国民がいる。そして、そうじゃない政治家が皆、落ちる。そうなったら国が変わる。

民主主義というのはそういうもの」

公立の保育園は深夜の二時まで子供を預かる。

病院は患者を何時間も待たせない。

警察は国民の命を守る。

例えば、このような政策を打ち出す政治家が現れて、国民の支持を集めて当選する。

そんな事態が起こるようになれば、日本も少しずつ変わり始めるのかもしれません。

ただ、一人さんは日本の現状を深く見つめながら、こう言います。

「そんな時代が来るのは、オレたちが生きているうちは無理かもしれない。

本当に先行きは遠いよ」

第四章　経済と世界はこうなる

中国は少しずつ豊かになる

中国の今後について、斎藤一人さんは次のような見方をしているようです。

「中国人というのは、ものすごく頭の柔軟な民族なんだよ。

中国は現在も共産主義を建前にしているけれど、その実質、民主化を進めているんだ。このことを見ても、彼らの柔軟さがわかる。

今、あの国を支配している中国共産党のリーダーたちが考えているのは、共産党一党独裁体制をどれだけ長く継続させるかということだよ。だから、器さえ共産党独裁のまならば、中身が共産主義でなくともかまわないんだ。

つまり、イデオロギーには、もはやこだわっていないということなんだよ。

現在の体制を継続するためには、国民の気持ちをつかんでおかなければならないけれど、それには民主化を進める必要がある。そこで、共産主義を実質的に放棄し、徐々に民主化を進めているということなんだよ」

中国で現在進められている民主化を、経済立て直しのための一時的な方便ではないかという見方もあります。

現在のところ、大方の日本企業では中国には強い関心があるものの、中国政府の今後の出方は不透明だと見ているようです。そのため、中国進出した後に今の方針が転換すれば、投資をムダにしかねないという懸念を抱いており、模様ながめという態度のところも多く見られます。

でも、一人さんは中国人の民族性を考慮して、中国共産党の首脳部は、すでにかつてのイデオロギーを放棄したと見ているわけです。これが正しい場合、今後も小さな方針転換はあり得るでしょうが、現在の民主化、資本経済化という大方針はゆるがないでしょう。

そうなれば、今後、日本企業はこぞって中国対策に本腰を入れるようになるかもしれません。

そんな中国で進められている民主化と資本経済化について、一人さんはこう分析しています。

「中国は、イデオロギーとしてはすでに民主化されてしまっているんだよ。しかも、ほかの先進国に比べれば遅れた段階の民主主義であり、先進資本主義国よりもむしろ共産主義、社会主義的な要素が少ないとさえ言えるかもしれないね。

例えば、今の中国企業には労働組合の活動はない。これは、意欲的な経営者が手腕を発揮しやすいという面があるんだ。少数精鋭の頭脳集団が新しいアイデアを素早く実現したり、労働者の力を引き出しやすい雇用形態を色々と試したりなど、ダイナミックな経営が実行できるんだよ。

このメリットが世界から企業を中国へと集めているんだ。なぜならば、同じことを先進国でやろうとすると、労働組合の反対にあい、そうは行かなくなる。今は状況変化の激しい時代だから、それに対応する経営スピードのメリットは大きいんだよ。先進国、ことに日本の企業で労働組合の締めつけが余り厳しいと、それを嫌って頭脳流出ということが今後ますます起こる可能性があるんだよね。

今後も中国へは世界から資本が集まってくるだろう。また、民主化、資本経済化も徐々に進展し、自国の産業力と経済力をつけていく。

結論としては、中国は少しずつ豊かな国になる。こう見るしかないね」

人口約一二億人もの巨大な国がこのまま発展を続けるとすれば、今は一部に限られている日本の製造業者が中国に工場建設を行なうという動きも、これから本格的に加速されていくでしょう。

また、中国が豊かになることで国民の購買力も上昇し、消費地としても日本企業の巨大なターゲットとなるはずです。すでにそうした時代を想定して、中国市場開拓をスタートさせている日本企業も出始めています。

日本企業にとって、常に中国を視野の中心に置いてビジネスを展開する時代になるのかもしれません。

超大国アメリカはそのまま

　では、アメリカの今後はどうでしょうか。斎藤一人さんの見方はこうです。

「アメリカへの一極集中ということは、今後も変わらないよ」

　同時多発テロ以降のアフガン問題、イラク戦争、そして現在のイラク問題など、現在のアメリカの軍事政策が、今後、アメリカ国民の消費行動に悪影響を及ぼし、不景気へと向かうのではないかという経済評論家もいます。

　これに対して、一人さんはこう反論します。

「今の軍事問題が、不景気に繋《つな》がるということ自体はないだろうね。

　そのことは、あのテロ以降にアメリカが起こした軍事行動で出た、アメリカ兵士の死者数がどのくらいか、冷静に考えてみればわかるはずだよ。

　例えば、今の日本では自殺者が年間に約三万人いる。交通事故死が約一万人だよ。これだけの人が死んでいても、日本には何も起こっていないよね。

　アメリカは日本の約二倍の人口がある。今後の軍事行動の犠牲者をどう多く見積もっても、せいぜい何千人というケタでは、アメリカ経済に影響など出ないだろうね」

また、アメリカとイスラム系のテロ組織との泥沼化した戦いを見て、アメリカ的な文明に限界が来ているという人もいます。

「日本にはアメリカ嫌いの評論家が多いから、何かというとアメリカの悪口を言う傾向があるんだ。でも、評論家が何を言っても、今ある現実は変わらないよ。

要は、日本という国が、アメリカにモノを買ってもらわなければ生きていけないし、軍事的にも守ってもらわなければどうにもならない国だということなんだ。

今の世界は、軍事的にも経済的にも、アメリカを頼らないと生きていけない。

アメリカに頼ることが不満な人間が悪口を言っても、それは変わらない。

現実を見れば、もう世界は一つの経済圏になってしまっているんだよ。

地球全体が一つの世界になっている今、文明だの文化だのということは、もう軽い問題でしかないんだよ」

フセイン政権下のイラク国民がミッキーマウスのTシャツを着て、コカ・コーラを飲んでいる映像を見たことがあります。イスラム原理主義のテロ組織であるアルカイダが、資金調達のためにアメリカで株の売買をしていたという報道もありました。このような報道には歪曲《わいきょく》や誇張もあるのかもしれませんが、やはり、事実の一面を捉えているのではないでしょうか。

反アメリカの国家体制でも市民の生活は親アメリカの国と余り変わらず、テロ活動すらアメリカの資本経済がなければできない。

一人さんの言うとおり、これが現実なのかもしれません。

好むと好まざるとに関わらず、今後も日本がアメリカに頼るという現実は変わらないと思ったほうがいいようです。

エネルギーも食糧も安くなる

エネルギーの問題についての、斎藤一人さんの見方はどうでしょう。

「全く問題ないだろうね。

石油について見れば、短期についてはともかく、長期で見れば石油の値が上がり続けるという事態にはならない。もし中東などで意図的に石油を上げようとしても、北海油《ほっかい》田などが出てくるわけだから、値段を上げるというわけにはいかないよね。

石油全体を上げるとなると、今度は代替《だいたい》エネルギーへと比重が移るだけだ。競争で負けてしまうのだから、石油の値を上げるということはできないんだ。

平和な時代にはモノ余りになる。この原則はエネルギーについても同じなんだよ」

平和な時代とモノ余りとの関連については、すでに考えました。一人さんは、モノ余りという傾向が、エネルギーにも当てはまると見ているわけです。

石油は天然資源です。平和な時代になったからといって、天然資源の量が増えることはありません。現在ある埋蔵量は減る一方なのですから、石油は希少性を増していき、値段が上がるようにも思えます。

でも、代替エネルギーの場合、石油とは違います。原子力、風力、太陽光などの代替エネルギーは人の手で開発するものですから、モノ余りで人余りという時代になると、必然的に開発コストが下がっていきます。

コストの面で言えば、現在すでに原子力は石油よりも安いエネルギー源だと見る人が多いようですし、風力、太陽光などについてもすでに実用のレベルにあるわけですから、これからますますコストが下がるでしょう。

このため、石油などの天然資源が価格を上昇させれば、代替エネルギーへの切りかえが促進されるだけとなり、天然エネルギーも価格を上げられないということになります。

以上のように考えると、平和な時代にはモノ余りになるという原則が、エネルギーについても当てはまると考えてよさそうです。

次に食糧問題ですが、一人さんの判断はこれについても同様のようです。

「食糧についても全然問題ないよ。

なかには食糧不足の国も出てくるかもしれないけれど、世界的な食糧危機というのは起きないんだ。これは、日本がいくら豊かな国だと言っても、ホームレスがいたり借金で困っている人がいるのと同じことなんだよ。
世界中が不作になったり、世界が全体的に食糧不足になるようなことはないんだ」

食糧問題は自然環境と関連づけられることが多いようです。

地球環境の温暖化で、それまで耕地だった土地にも砂漠化が及び、農耕地の面積が減少する。そのため、世界的な食糧危機が来るかもしれない。

このような警告を発する学者もいるようです。

でも、現代において食糧問題は自然環境の問題というより、人間の技術力の問題という側面が強くなっています。現代の農業は、かつてのように田に苗を植えれば後は天候次第というものではなくなりつつあるからです。

土壌の成分を分析し、足りない栄養素を人工的につくった肥料で補い、収穫量を増やす。遺伝子操作で病害虫に強い人工的な品種をつくりだす。砂漠の砂に吸水性ポリマーを敷き、耕作可能な土地へと変える。

このように、農業生産は人間の技術に左右される部分が大きくなっているわけです。

農業生産も技術の問題ならば、エネルギーと同様に、モノ余りと人余りという要素が影響してきます。人と技術が豊富に投入されれば、技術力によって食糧増産が可能になるという見通しが立つからです。

そこで、食糧は問題ないという結論になるわけです。

では、一人さんの見方について図式にしてみます。

エネルギー＆食糧　自然に左右される時代

⬇　⬅

技術に左右される時代

モノ余りと人余り

⬇

人とモノを技術に投入

⬇

エネルギーも食糧も増産可能

モノ不足の時代からモノ余りの時代という転換は、どうやらエネルギーと食糧という大きな問題についても決定的な要因となるようです。

大流行がない時代

流行の傾向にも、時代の変化があるようです。

「これからは大きな流行はなくなるよ。

昔ならばスキーが流行《はや》ったりテニスが流行ったりということがあった。これからは、せいぜいマイブームに毛の生えた程度の小さな流行しかないだろうね。

だから、大きい企業は仕事が非常にやりづらくなるんだよ」

これは顧客満足の変化に関連があるようです。かつてのモノ不足の時代ならば、誰もが欲しがるような商品がありました。でも、ほとんどのモノが満ち溢《あふ》れているモノ余りの時代には、万人が求めるような商品を出すことが難しくなります。

そして、顧客の要求は個別化していき、流行といってもそれを喜ぶ顧客の数はぐっと少なくなるわけです。

そのため、大きな流行はないと斎藤一人さんは見ているようなのです。

また、一人さんはこのような指摘もしています。

「カラオケ並みの全国的で長期の大流行はもうないだろうね。今後、一気に全国へ広がるような大きな流行があったとしても、それはたちまち消えてしまうよ。

つまり、大きな流行は長続きしないということなんだ」

新しさやおもしろさも、これからの顧客の求めるものです。

ところが、そのようなモノを出すことに成功しても、新しさという魅力は時間が経てばすぐに色あせますし、おもしろさという魅力は飽きられやすくなります。

そのため、流行が長期化しないで、急速に消えてしまうと考えられるのです。

要求の個別化に応える商品 ⬇ 喜ぶ顧客数が小さい ⬇ 流行の小規模化
おもしろさ、新しさを持った商品 ⬇ 満足する顧客数が大きい
⬇ 一気に広がるが長続きしない
⬇ 流行の短期化

つまり、顧客の要望の個別化に対応することで起こった流行は小規模に終わりますし、

新しさやおもしろさで成功した商品は一気に多くの顧客をつかむものの、その魅力が継続せずに、流行は短期に終わるわけです。

このためこれからは、大流行になったからといって大量に増産しても、流行が終息し、ムダな在庫になるといったリスクが高くなるといえそうです。

どうやら、モノ余りの時代には、大きな流行は起きにくいと考えておいたほうがいいのかもしれません。

土地はもっと下がる

バブルが崩壊して以降、日本の土地価格は下がり続けてきました。でも近頃は、東京都心などで大規模な再開発が行なわれて、活気を取り戻しているようです。

新しい丸ビル、六本木ヒルズなどには人気が集まり、こうした再開発を行なったところでは地価も上昇しているようです。

それでは今後、地価の下落は止まるのか、それともまだ下がり続けるのか、今後の地価について、斎藤一人さんはどう見ているのでしょうか。

「オレは商人だから土地は買わないんだよ。

だってお金があるからって買っちゃったら、うちのお客さんはサラリーマンの人が多いから、家賃が上がったりしてかわいそうじゃないか。

だいたい地面なんて自分のもんにはならないんだよ」

というのが土地に対する基本的な見方のようです。そう断ったうえで、次のように教えてくれました。

「全体的に言えば、土地はこれからも下がるよ。

都心の地価が再開発で上がったように見えるよね。でも、ことはそんなに単純には行かないんだ。

規制が緩和されて四〇階、五〇階のビルを建てられるようになったから、土地の利用価値が高まって地価を上昇させるよね。だから、再開発地そのものの地価は上昇するだろう。

ところがそうなると、それまで周囲にあった小さいビルからオフィスが移転してきて、今までのビルには空きが増えることになる。すると、周囲の地価は逆に下がるんだ。なぜなら、五〇階のビルができるということは、五〇階の床面積分だけ土地が増えたのと同じことになるからだよ。

土地が増えれば増えただけ地価は下がる。規制が緩和されれば土地が増えるということになるのだから、全体的に見れば、地価を下げることになるんだよ」

再開発は土地の利用価値を高めますから、地価を上昇させます。そのため、一見、これは地価上昇のためには良いことのように思えるのです。

しかし、全体を見れば、再開発は利用可能な面積を増やしていることになるので、地価をかえって押し下げてしまう効果となってしまうようです。

【再開発地そのものの地価】

規制緩和　⬇　高層建築が可能　⬇　土地の利用価値が上昇　⬇　地価が上昇

【再開発地を含めた周囲の地価】

高層ビルの建設　⬇　利用可能な床面積が増加　⬇　地価の平均は下落

では、再開発とは別に、地価変動の今後はどうでしょう。

近年、都心の地価に関しては下落が止まったかにも見えます。すでに一〇年も地価の下落は続き、バブルの頃に比較すれば約半分になっているようです。そろそろ地価も適正な値になり、下落が止まるという見方をする人もいます。

これから下げ止まりは首都圏全体、全国の大都市圏へと広がっていくのでしょうか。

「昔に比べて半額だといっても、本来ならば一〇分の一、二〇分の一のはずということもあり得るんだよ。

なぜなら、バブルの頃に生まれた債権の担保で、土地を大量に抱えている銀行が売りに出さないので、実際の価値が見えないからなんだ。

もし銀行が抱えている土地を全て売りに出せば、その価値がもっと安いという実体がばれてしまう。

それを知っているから銀行は売ろうとしないんだよね。

でも、その土地もいずれは売りに出さなければならなくなる。

だから、地価はもっともっと安くなると見たほうがいいよ」

銀行が土地を抱えていても、それはただ持っているだけで利用されていません。

現在の土地の価格は、実際に利用されている土地だけの流通で決まっています。

つまり、銀行が抱えている分だけ、本来の土地の面積が狭い状態で価格が決まっているわけです。

利用可能な土地の面積が増えれば地価は下落しますから、銀行が土地を売りに出さない限り、地価が本当はどのくらいまで下がるのかわからないわけです。

そのような土地は銀行全体で膨大な面積になるはずです。その膨大な土地を全て売却し、利用可能な状態にしたとき、初めて本当の地価がわかるわけです。

収益還元法などによる土地の使用価値にもとづいた地価が下支えするのでしょうが、一部の一等地を除いて地価は相当に安いものになると推測できるのです。

【現在の地価】
銀行が土地を抱えたまま
➡ 銀行の土地は利用されない
➡ 利用面積が狭い
➡ この状態で地価が下げ止まり

【本当の地価】
銀行が土地を売却
➡ その分だけ利用面積が増加
➡ さらに地価が下落
➡ 本来の地価で下げ止まり

どうやら、土地の下落はこれからも続くと見たほうがいいのかもしれません。

流通はK−1、銀行はぬるま湯

現在、アメリカやフランスから流通の大手企業が日本国内に進出してきています。斎藤一人さんはこの状況をこう見ているようです。

「日本市場に、これからますます世界中の強い企業が参入してくるだろうね。

日本の流通業界はどうなるかというよりも、これからの厳しい競争のなかで、どこが勝ち抜くのかということを見なければならないんだよ。勝つのは日本の企業だとはかぎらない。アメリカ企業かもしれないしフランス企業かもしれない。日本の企業が軒並み敗れれば、日本の流通業界は壊滅だよ。

でも、逆に言えば、世界中の企業と戦ってどこかの日本企業が勝てれば、そこはこれから大きく伸びるということなんだ。

これは格闘技の世界みたいなものだよ。

今までは日本のなかで、日本企業同士で戦っていたよね。これは相撲のようなもので、それまでは相撲取り同士で戦っていたわけだ。

そこへ規制が緩和された。戦いのルールが変わったんだよ。するとアメリカやフランスの企業が参入してきた。これはボクサーやプロレスラーだ。そうなると、これはもう相撲じゃない。異種格闘技だよ。

言ってみれば、K－1《ケーワン》の世界だよね。

そうなると、今までのように相撲のやり方をして戦っていたのでは、日本企業は勝てない。今度の相手は拳で殴ったり、飛び蹴りしたりするヤツらだからね。何でもありで戦うしかないんだよ。

これは本当に強い企業を決める戦いなんだよ。そしてこの戦いのなかで日本の企業も強くなっていくんだ。

もし、日本の企業がこの戦いに勝ち抜ければ、世界で戦えるようになるよ」

また、この競争は日本の消費市場におけるシェア争いになるわけですが、その主戦場となるのは、値下げ合戦だと一人さんは見ているようです。

シェア争い＝値下げ合戦

この図式が当てはまるということです。世界中の企業を相手に値下げ合戦を繰り広げる。そして、この戦いに勝てば世界で戦えるというのが、これからの流通業のようです。

さて、流通業界は激動の時代になるようですが、銀行業界は少し違うようです。

「銀行はしばらくこのまま、だらだらと行く。銀行という業界にはまだ規制が多く、国内の銀行同士で戦っている状態で、海外から強い銀行が本格的には入り込めていないんだ。銀行業界の実体は、今も『なあなあ』だよ。

まだ、K－1にはなりきれないということだな。

つまりは、ぬるま湯の中にいるわけだよ」

数年前から金融の規制緩和が叫ばれ、銀行業界の大規模な再編が進んでいます。大手都市銀行の合併が盛んに行なわれ、不良債権を抱えすぎて体力のない銀行がいくつも潰《つぶ》れています。このような状況を見れば、規制緩和で銀行にも厳しい競争の時代が訪れているかにも思えます。

ところが、一人さんによれば、この程度ではまだ規制緩和が甘いという判断のようです。

それではなぜ銀行の規制緩和が進まないのでしょうか。

「銀行も流通業界のように規制緩和を進め、K−1の世界になると、外国から強い銀行がどんどん入ってくるよね。そうなると、ぬるま湯で育った国内の銀行はコテンパンにぶちのめされて終わり、ということになるんだ。

要するに、潰れる銀行がたくさん出るということだよ。最近になって合併で次々にできた国内のメガバンクだって潰れるところが出るかもね。

それを怖れているから、銀行の規制はなかなか外せないんだよ。ところが、規制を外せないと今までどおりのぬるま湯が続き、銀行の実力がつかない。

このジレンマは当分続くだろうね」

金融の規制緩和は、競争状態にすることで、国内の銀行に実力をつけるという狙いがあります。

銀行の体質が不健全で、実力が足りないことが、バブルを招いたという反省から、規制緩和が必要だと考えられるようになったからです。

ところが、いざ規制緩和を行なおうとすると、簡単に実行できないジレンマに陥ってしまったわけです。

世界の銀行と比較して国内の銀行に実力が足りないため、外国銀行と競争状態にすると国内の銀行が潰れてしまう。だから、規制は外せない。ところが、規制を外さないと、国内の銀行はぬるま湯にいるままで、いつまで経っても実力がつかない――。

つまり、競争はさせたいが、競争すると潰れるというジレンマなのです。

このような事情があると見ているので、一人さんは銀行が当分はこのままだと判断しているようです。

以上が、現在の経済界の流れについて、一人さんがどう判断しているかという実例です。私たちはこのような時代の流れを参考にしながら、これからの生き残りの道を考えていきたいものです。

第五章　日常生活はこう変わる

家を持つのは資産でなく消費

自分の家を持ちたいと考えている人は多いでしょう。家を持つことについて、これからの時代はどう考えたほうがいいのか気になるところです。

まず、持ち家と賃貸とどちらが得になるのか、という問題があります。これについて、斎藤一人さんの考え方はこうです。

「賃貸と持ち家を比較すると、計算上は賃貸のほうが得という時代になるよ。なぜならば、土地がこれからはもっと下がるからなんだ。

一〇年以上前までは、土地が上がり続けることを前提にして、家を買ったほうがいいと言われていた。ところが、これからは土地が下がるから、この逆になるんだよ。

今のところ、このことはあまり言われていないようだけれど、そのうち評論家などからこうした声がだんだん多く出るようになるだろうね」

家を買うことと賃貸とどちらが得か、その計算を本格的にやると複雑なようですが、原則として、土地が下がるから持ち家よりも賃貸のほうが得というのが、一人さんの考え方のようです。

また、家を購入する場合、多くの人が住宅ローンなどを組むわけですが、土地が下がる時代には、これも注意が必要なようです。

「特に、借金して家を買うと損になるよ。

話を簡単にするため、仮に五〇〇〇万円の家を全額借金で買ったとしよう。土地の値下がりで、家の価値が四〇〇〇万円になったとすると、一〇〇〇万円の損になるよね。

ところが、損はそれだけではないんだ。借りた五〇〇〇万円には金利がつくよね。仮に金利が全部で四〇〇〇万円だとすると、結局、四〇〇〇万円の家を九〇〇〇万円で買うことになるんだよ。

実際には、借金を払い終わった頃には家は古くなって、家屋の価値はほとんどないんだよ。家がガタガタになり、家屋の資産価値はゼロということもよくある。そのうえ、地価が下落して、買った当時の三分の一、四分の一ということにでもなれば、資産価値がほとんど残っていないことになってしまうんだよ。

しかも、かなり長い間は古い家に住むことになるんだ。

これに比べると、賃貸ならば適当な時期に引っ越していれば、いつも新しい家に住むことができる。しかも、地価が下がっていくから、賃貸料もだんだん下がるよね。だから、借金して家を買うくらいなら、賃貸のほうがずっと得ということになるんだよ」

住宅ローンで家を買うと、家の価値はどんどん下がるのに、金利だけは初めに借りた金額に対してかかってきます。つまり、借金で家を購入すると、土地の下落分だけでも損をするのに、それに金利も加わって、損が拡大することになるようです。

そこで、これからの時代に家を買うことについて、一人さんはこんな考え方を目安にするべきだといいます。

「家を買うならば、それは資産だと思わずに、消費だと思うことだよ。

車でも何でもそれを買うとき、長く使っていけば古くなる、長い間使ってから売れば安くなると覚悟して買うだろう。家もそれと同じことだよ。時間が経てばどんどん安くなって、やがて、価値がゼロになると考えておけばいいんだ。

これは当たり前のことだよ。

以前のように、家を買って住んでいると、そのうち値上がりするということのほうが異常だったんだ。もうあんな異常な時代は来ないんだよ。

使っていたものは使った分だけ値段が下がる。
これからは、家もこの当たり前の感覚で買えばいいんだよね」
どうやら、家の購入も、車と同じ感覚で行なう時代になるのかもしれません。

治安の良さが資源になる

かつては治安の良さを誇りにしていた日本社会ですが、近年は犯罪が増加し、特に凶悪犯罪が目につきます。なかでも年々、少年犯罪が増加しており、社会問題となっています。その一方で、犯罪を取り締まる警察の不祥事が相次ぎ、犯罪の検挙率はどんどんと下がっているようです。

このように社会に犯罪が増えつつあることについて、斎藤一人さんは今後どうなっていくと予測しているのでしょうか。

「この国は、どうしても犯罪者が増えるようになっているんだよね。

一時期、犯罪者が少なかったのは、当時の警察が大変に恐れられていたからだよ。それは、戦前からの流れでそうなっていたんだけれど、その名残《なごり》で国民が警察を恐れていたため、犯罪者が少なかっただけなんだ。

ところが、恐ろしい警察というイメージが薄れていくにつれて、犯罪者が増えやすいというこの国の実体が現れ始めたんだよ」

一人さんの見方では、かつて治安が良かったのは、当時の警察のシステムが優れていたからではなく、警察が怖いというイメージがあったからだということのようです。

戦前の警察は強引な取り調べを行なっていたそうです。特高警察《とっこう》という特殊な組織もあり、拷問に近い暴力的なやり方をしていて、捕まった人が死んでしまうこともあったという話を聞きます。戦後の警察はもちろんそのような組織ではありませんが、戦前からの警察のイメージが国民の意識のなかにはしばらく残っていたはずです。

このイメージが犯罪を抑止していたと一人さんは見ているわけです。ところが、終戦から半世紀以上が過ぎるうち、警察＝怖いところというイメージが薄れていくと、その犯罪抑止効果がなくなっていったというのが一人さんの見方であるわけです。

そして、イメージからくる抑止が失われて、現れてきた実体が、「犯罪者が増えやすい」というものだと一人さんは言うのですが、これは何を意味しているのでしょうか。

「この国は、犯罪者を守っているという特徴があるんだよ。

今の時代は若い子が犯罪に走りやすいんだが、このことも同じ原因から来ているんだ。少年の犯罪者をこの国は守っているんだよ。そのことが、少年犯罪を増やす原因になっているんだ。

国のやり方では未成年のうちに罪を犯すと、刑が成人に比べて格段に軽い。未成年は未熟だから、罪を犯してもその子供の将来を考えて少しは大目に見ようという考え方から来ているんだ。

つまり、これは被害者の立場より、加害者の立場を守っているということだよね。成人の犯罪にも同じような面があるんだよ。

例えば、同じ殺人事件を起こしていても、精神に障害がある犯罪者だと刑が軽くなる。障害の度合いが強い場合、無罪になることさえある。

これも、被害者ではなく加害者を守るということだよ。

また、高速道路を走っている車は、二四時間、カメラで撮影できるから、警察は車のナンバーをその気になればいくらでもチェックできるんだ。そうすれば、盗難車などすぐに発見できるはずだけれど、警察はやろうとはしない。その理由は、それをやればプライバシーを侵害するからなんだよ。

ここでも、国は被害者よりも犯罪者を守っているわけだよね。

こんな具合に、国が犯罪者を守っているわけだから、日本は非常に犯罪のやりやすい国になっていて、そのために犯罪が増えている。

つまり、日本という国が犯罪者を守って、犯罪を増やしていることになるんだよね。だから、これからも犯罪は増え続けるよ」

確かにこの国では加害者の人権にばかり目が行って、被害者の人権が置き忘れられているような気がします。未成年への教育的な配慮も、加害者の人権も大切かもしれませんが、だからと言って、被害者の人権がどうでもいいということにはなりません。

被害者の立場に立てば、加害者が精神障害者だろうと未成年だろうと、被害を受けたことに何の変わりもないわけです。加害者を守るということが結果的に犯罪を増やし、被害者を増加させるのは、やはりおかしいと言わざるを得ません。

図式的に表せば、現在の日本はこうなるでしょう。

犯罪者の人権を守る（＝犯罪をやりやすくする）

＜

被害者を出さない（＝犯罪に対して厳しくする）

そのため、しばらく日本の犯罪は増え続けるという結論になるようです。

でも、そんな日本にもやがて転換期が来ると、一人さんは読んでいるようです。

「このまま犯罪が増え続けて、どうしようもなくなった頃、犯罪者を守るより、被害者を出さないことのほうを重視するようになるよ。

少し前のアメリカが、ちょうどそうだった。余りにも犯罪が多くなりすぎて、ほかの役人の数を減らして、警官の数を増やしたんだよ。少年犯罪についても、刑を大人と同じにしたんだ。そうして、一頃に比べると、格段に安全な国になったんだよ。ニューヨークなども、昔は犯罪が恐ろしくて、気軽に外へ遊びにいけるような街ではなかったけれど、今では相当に安全なところになっている。

これと同じような変化が日本にも起こるだろうね。

犯罪を行なう人の数と、犯罪の被害に怯《おび》える人の数を比べれば、そのことは明らかだよ。犯罪を減らしてほしい人のほうが圧倒的に多いのだから、犯罪がどうしようもなく多くなれば、それを減らす政策をやらないと、政治家は票を集められない。治安を良くすることが当選に繫《つな》がるのだから、政治家は必ずそれをやるようになるよ。

本当は、犯罪が増えてそれで泣く人が増える前に手を打てればもっといいんだが、それは無理だろうね。

田舎には役人が溢《あふ》れるほどいても、交番には誰もいないことが多い。駐車禁止を取り締まることには熱心でも、重大な犯罪者の検挙が進まない。こんな現状を見ていても、何もやろうとしないんだから、期待はできないよ」

犯罪が増加して国民に被害者が増えてくれれば、犯罪に厳しくする政策が票を集めるようになります。そうなってから、ようやく国は犯罪者を守ることよりも、被害者を出さないことのほうを重視する政策へと転換すると一人さんは読んでいるわけです。

これとは別に、政策が転換される理由がもう一つあると、一人さんは見ているようです。

「政治家がいずれ政策を変えるようになるのには、経済的な理由もあるんだ。犯罪が増えると治安が悪くなるわけだが、社会の治安が悪くなると、その国から金が逃げていくんだよ。

治安が悪いところには誰も住みたくはないよね。そこで、海外へ脱出できるほど金を持った人が逃げるんだ。また、治安の悪さは経済活動にとって致命的だよ。外で安心して買い物もできない、遊びにも行けないのでは、消費が鈍るものね。しかも、そんな国で好き好んで商売をしたがる人はいないから、企業も逃げていく。

つまり、治安の悪さが不景気を呼んでしまうわけだよ。そうなった頃、政治家は慌《あわ》てて犯罪に厳しい政策へと転換するんだ。治安を守ることが経済に関係してくれば、それは政府の一番大切な仕事になってくるからね。

逆に言えば、治安の良い国には金が集まってくるということだ。治安の良さが金を集めるのだから、これは資源と同じだよ。

いずれ、治安の良さが資源と見なされる時代になる。

その頃には、治安が守れないような政府なら政権交代は当然だということになるよ」

つまり、治安が経済に大きな影響を与えるのですから、それが悪化すれば政治家も動き出すと一人さんは見ているわけです。

犯罪はこのまま増え続ける。どうしようもないほど治安が悪化した頃、犯罪を減少させる方向へ政策が転換される。

以上が、犯罪の増加に関する、一人さんの読みです。

このまましばらくは犯罪が増えるようです。警察は当てになりませんから、何とか自衛の方法を考えたほうがいいのかもしれません。

老人も楽しく働く時代

日本国民の年齢構成について、これからは高齢者の割合が高くなり、子供の割合が低くなると予測されています。いわゆる、「少子高齢化時代」です。そのため、近い将来には、少ない子供たちが大勢の老人を養わなければいけなくなると言われています。

ところが、このことについて、斎藤一人さんの見方は違うようです。

「少ない子供たちが大勢のお年寄りを支えるということは、事実上ないんだよ。

少子化というのは仕方のないことで、これから子供はどんどん少なくなるだろうね。子供が少なくなると、どうしても大事にされる。ところが、大事にされた子というのは、甘やかされて育っているから、使い物にならない場合が多いんだよ。

もちろん、なかにはしっかりした子もいるだろう。だが、全体の話となると、そう見たほうがいいんだよ。

結局、今の子供たちに頼るというのは、無理ということになるだろうね」

一人さんの見方では、今の子供たちが大人になっても、高齢者を支えるような収入を得る力がないということのようです。

さらに、一人さんはこのように見ます。

「甘やかされて大事に育てられた子は使い物にならないから、自分たちが生きていくのがやっとだよ。そのため、そんな子供が大人になってからも、下手をすると両親や祖父母が面倒を見てやらなければならなくなるんだ。

大事に育てた子供は、最後まで大事にしてやる。

要するにそういうことなんだよ」

今までは、若い人が働いて、高齢者を扶養するということが当たり前でした。ところが、これからは高齢者が若い世代を扶養すると一人さんは言うのです。

つまり、高齢者と若い層の関係の逆転です。

今のところ、少子高齢化によって、年金の財源が厳しくなると言われています。そのため、年金の支給額を減らしたり、支給年齢を引き上げたりといった方法が検討されているようです。もし、一人さんの見方が当たって、今の子供たちが成人したときも収入を得る力がないとすると、年金制度はさらに厳しいものになるはずです。

そうなれば、高齢者が自分たちの暮らしを立てるだけでも大変なことになりますが、そのうえ、子供の面倒まで見るとするとどうすればいいのでしょうか。

「少子高齢化時代になると、高齢者はどうすればいいか。その解決法は一つしかないね。お年寄りが働く。

本当に厳しいけれど、それしかないんだよ。

六〇代になっても七〇代になっても、働き続けるしかないんだよ。

今の五〇代、四〇代あたりの中間層は、年を取っても働いて、甘やかされて育った子供を養い続けるしかない。

これは厳しいことだよね。でも、自分の力でがんばる気持ちのある人ならば、必ず明るく生きていく道が見つかるはずだよ」

この予測は、今働いている現役世代にとって、非常に厳しいものです。そのため、こんな反論をしてみたくなるかもしれません。

「いくら甘やかされて育ったといっても、お年寄りを大切にしようという気持ちぐらいあるんじゃないか？　年老いた両親を見れば、自分ががんばろうとしないものだろうか」

これに対して、一人さんはこう答えています。

「昔、お年寄りが大切にされた頃は、お年寄りが少なかったんだよ。

大切にされるものというのは、少ないものなんだ。これからお年寄りはものすごく多くなる。多いものは大切にされないんだよ。

これは経済の原則だよ。

パンダだって、数が非常に少ないからこそ、大切にされているんだ。もしパンダが大量にいたら、今頃は食料として狩られていたかもしれない。ダイヤモンドも希少価値があるから大事にされる。もし砂利ほどもあったら誰も大切にはしないよね。

これからは、若い人よりもお年寄りのほうが多くなる。多いものは大切になんかされないんだよ。

これからのお年寄りは、そう覚悟して生きるしかないんだ。

でも、その覚悟さえしっかりとあれば大丈夫。新しい時代を生きられるよ」

こんな時代になるのだとすれば、これからの生き方についてもう一度考え直したほうがいいのかもしれません。

そして、こうした時代の流れさえ知っていれば、必ず活路が開けると一人さんは思っているようです。

家族関係も実力主義の時代

「これからは、結婚してもそれが男女関係のゴールではなくなるよ」

斎藤一人さんはこう言います。どうやら、夫婦や家族についても、時代の変化が見られるということのようです。

「ラーメン屋さんが一度はお客さんを獲得しても、そのラーメンが実際に美味《うま》くなければ、お客さんはよそへ行ってしまうよね。これと同じで、これからは、夫婦になっても相手に満足できなければ、どんどん離婚ということになるんだ。

つまり、連れ添ったら一生その関係を続けるのが、当たり前ではなくなるんだよ。だから、五回や六回の離婚も珍しくない。そうした時代になるよ」

確かに、最近では離婚は珍しいことではなくなりつつあります。皆がよく知っている芸能人などの例では、二度も三度も結婚と離婚とを繰り返している人がよくいます。芸能界というところは特殊だと思われるかもしれませんが、たいていの人の身近にも離婚歴のある人が一人や二人はすぐに見つかる時代になっています。

これは結婚観が変わったからだと、一人さんは考えているようです。

これからのビジネスは「本当の時代」だと一人さんは見ていました。これは、本当に実力のあるところがビジネスに成功する、実力主義の時代ということでした。

ところが、これからはビジネスだけでなく、夫婦関係も本当の中身を問われる、実力主義の時代になると、一人さんは見ているようなのです。

「家族関係も変わるよ。

今後は、例えば父親だからという理由で立ててくれはしないんだ。家族に人気のある父親とは、ほかの人たちにも人気のある人でなければならないんだよ。

要は、家族だろうが周りの人だろうが関係なく好かれる人間でなければ、家の人間にも好かれないということなんだ。

会社で嫌われる、隣近所でも嫌われる、そんな人は家族にも嫌われるんだよ。子供だから自分を愛してくれるはず、そんなふうには思わないほうがいいよ。

要するに、家族関係についても、その人の人間的な実力次第、という時代になるんだ」

かつては、結婚しているという事実が、生きるうえで重要な時代がありました。

結婚をしていないと女の人は生活が厳しいものになり、男の人にとってもいい年をして結婚をしていないと社会的な信用を失って出世に響いていました。また、結婚して子供をもうけないと、老後の面倒を見てくれる人がいなくなると心配したものです。

ところが今では、結婚が生きていくために必須の条件ではなくなりました。女の人も外で働いて充分な収入を得ることができますし、男の人が結婚をしていないからといって社会的に不利になるようなこともありません。

また、老後についても、かつてならば家族が面倒を見るのが当たり前でしたが、今では家族よりもお金を頼りにする時代です。

このように、結婚と家族が、生きていくための条件であった時代から、現在のように生きていくのに必ずしも必要のない時代となりつつあるわけです。

そんな時代に結婚や家族に求めているものは、「生きていく」ための手段というよりも、むしろ、「より楽しく生きる」ための手段となっているようです。そうなると、結婚や家族に求めるものは、「一緒に暮らして楽しい人」ということになります。

つまり、一人さんの「家族関係も実力主義になる」という言葉の意味するものは、結婚や家族をつくる目的に関する時代の変化を読み取り、その結果から導き出された予測だと考えられるわけです。

結婚や家族が「生きる手段」を与えた時代
↓
結婚や家族そのものを求める
↓
結婚や家族がなくても生きられる時代
↓
結婚や家族に「楽しさ」を求める

これからは、家族がなくても生きる手段は得られます。家族は人生を楽しくする手段の一つですから、もし結婚し家族と暮らしていきたいのならば、人間的な魅力という実力を磨かなければならないようです。

第六章　これからの時代を生きる目安

実力主義時代は愛情で勝ち残る

これからは実力主義の時代です。実力本位時代の勉強法について、斎藤一人さんはこのように考えているようです。

「まず、自分が何の仕事をしているかということだね。もし飲食業をしているのなら、飲食業について勉強する。関係のある本を読むこともそうだし、同業で上手くいっているところについても勉強するんだ。どんなやり方をしているのか、どんな商品が上手くいきそうか、絶えず考えるんだよ。

そして、上手くいっているところより、少しだけ上をいければそれで成功するんだ。同業のなかで、一歩だけ上を行けば勝てるんだよ。

まず同業の勉強をしっかりとやって、それで時間が余ったら他業種の流行《はや》っているところを勉強するんだ。でも、八百屋さんが哲学の勉強をしてもしょうがないよね。

自分の仕事に何が必要か考えて、理にあったものを勉強していくということなんだよ」

また、上手く勉強を重ねて成功する人とそうでない人を見分ける目安について、一人さんはこう言います。

「出世する人間というのは、自分に必要なことに興味があるんだよ。

この反対に、出世しない人間は、自分に関係のないことに興味があるんだ。必要なことに興味を持って勉強をしていればいいんだけれど、出世できない人は必要のないことにすごく興味を持ってしまうんだよ。

自分の仕事に関係のあること、自分に必要なことに興味を持って勉強をしていけば、これからの時代にも生き残れるような人になれるんだよ」

まず、自分の本業をしっかりと勉強すること。これがこれからの勉強法のようです。

例えば、これからは国際時代だと言われて久しく、そのため英会話がビジネスには必須であるかのように思っている人もいます。ですが、英語が本業に必要ならば勉強することにも意味はありますが、特に英語が必要でない仕事をしている人の場合、英語を習ってもそれはただ、自分の貯金を減らしているようなものだというわけです。

これは各種の資格についても同様で、仕事に必要なものは取ればいいし、そうでなければ、そのようなものに興味を示すだけ出世からは遠のいていくと考えたほうがよさそうです。

出世しない人は本業以外に興味を持っている。

この目安があれば、これからの時代に必要のない勉強をしてしまうこともなくなりそうです。

「本業の勉強をしようって人は、お客さんや周りの人を喜ばせるために自分の時間を使う、本当に愛情のある人だよね。

これからはね、愛があればあるほど、楽しく幸せに生きられる。そういう本当にいい時代が来るんだよ。実力って愛のことだよ」

何に興味があるか以上に、なぜ興味があるのか、愛なのかエゴなのか、が大切なのかもしれません。

勝ちたければトップの顔を見ろ

現在、企業では年功序列の終身雇用制が崩れています。そのため、一つの会社に永久就職という時代ではなくなりつつありますが、そうなると、必然的に転職や独立という道を探るのが当たり前となっていきます。

時代の流れに上手く自分を合わせるような道を探すにあたり、何か目安のようなものがあれば便利です。

例えば、転職を考えるに当たり、どのような業界が有望か、それを見分ける方法がないものでしょうか。

「これからは、『この業界が有望』というのはないんだよ。どの業界でも、優秀なトップがいる企業は伸びるし、そうじゃないところはダメになるんだ。

つまり、業界によって良いところと悪いところがあるというよりも、企業によって伸びるところとそうじゃないところがマチマチになるんだよ」

斎藤一人さんはこう言います。

これからは「ひとり勝ち」の時代ですから、業界全体が横並びで伸びたり、衰退したりという見方は、あまり意味がなくなるということのようです。

では、そんななかで、自分がこれから進むのに適した業界を見つける方法や目安はないものでしょうか。

一人さんは、そのような目安について、自分の経験から実践的な方法を話したことがあります。

ただしそれは、自分で起業する場合と、どこか会社に勤める場合とで違うようです。

まず、どこかの業界で起業したい場合について、一人さんは次のように教えてくれました。

「これはムチャな意見かもしれないよ。でも、本当のところ、これしか方法はないんだ。まず、その業界でトップだという人の顔を、じっと見るんだよ。

そうやって、ずうっと見ていると、

『あ、この人には勝てそうだ』

と感じる場合がある。

何でもそうなんだけれど、勝負事では『こいつには勝てそうだ』という勘があるんだよ。自分にとって有望な業界というのを見つけたければ、その業界トップに自分が勝てるかどうか、その人の顔を見ているとわかるんだ。

それで、自分がその世界のトップに勝てそうな業界へ行けば、あなたは勝てる。でも、負けそうだと思った業界へ行けば、あなたは負けるんだよ。

必ずそうなるもんなんだ」

これは長年の実践のなかで磨いてきた一人さんの経験則のようで、そこには理屈はありません。

でも、このようなことは実際にあるらしく、同じようなことをおっしゃっている人もいるようです。ことに、格闘技の世界ではよくある感覚のようで、例えば柔道の選手などは、最初に組み合った瞬間、その相手がどのくらい強いか感じると言います。

また、ボクシングなどでもそうです。ガッツ石松選手がまだ若い頃、そのパンチ力の強さから「石の拳」と称えられたロベルト・デュランというボクシング史上に残る偉大なチャンピオンと対戦しました。ところが、彼は伝説のチャンピオンを見て、それほど強いと感じなかったそうです。ご承知のように、石松選手はその後、見事に世界チャンピオンとなり、ボクシング界のトップに立ちました。これなどは、そうした勘が存在することのよい実例でしょう。

一人さんは、さらにこう説明します。

「これはケンカと同じなんだよね。その人の顔を見ていると、勝てそうかどうか、人間というのは不思議とわかるものなんだ。

『ああ、この人がトップなら、この業界で自分はいけるぞ』という選び方が、結局のところ一番正しいんだよ。

こんなことは、データを調べたところでわかりはしない。データで判断するというのは、組織全体で戦っていた時代のやり方だよ。

これからの時代はトップの器量で決まるんだから、自分の勘をもとにすることは決しておかしくはないんだよ。

だって、これからその世界で、自分の器量全てを使って戦うんだからね。

結局、自分が勝てると感じる相手と戦うのが、正しいということなんだよ」

そして次に、起業するのでなく会社に勤める場合は、どのような会社に行けばいいのでしょうか。

これについても一人さんは、このように教えてくれました。

「もし勤めるなら、今度は、その会社のトップの顔を見て、『ああ、この人には絶対かなわないな』という人についていけばいいんだよ。顔を見なきゃダメだよ。顔を見て、なめてかかれるような人の下では働けないだろう」

自分がどこへ行くべきか、それを知りたければトップの顔を見る。

この実践的な目安を覚えておくと、時代の流れに適った自分の道を見つけやすくなるかもしれません。

給料の良すぎる会社は逃げたほうがいい

昔ならば、よほどのことがなければ大企業は潰《つぶ》れたりしないと安心していられましたが、これからの会社はいつどうなるかわかりません。そうなると、自分が今いる会社はどうなのか、とても気になってきます。できるならば、自分の会社は今後危ないのか大丈夫なのか、それを早めに察知して、次に備えたいところです。

会社が危険かどうかについて、斎藤一人さんはとてもわかりやすい目安を持っているようです。

「危ない会社の見分け方はね、簡単なんだよ。

自分がろくに働かなくても給料をたくさんくれるような会社。

これが危ないね」

普通に考えると、あまり働かないでも良い給料をくれる会社は、社員にとって得なように思えます。でも、一人さんは、そんな会社からは逃げたほうがいいと言います。

「自分が働いていて、これは三〇万円くらいの働きじゃないかな、と思っているところへ、五〇万円くれる会社があったとしたら、そこはおかしいんだよ。

そんな会社は潰れる可能性があるんだ。

だって、働きよりも多く給料を出して平気だということは、その会社の経営者にはトップとしての実力がないということになるからだよ。給料が適正ではないということは、社員を見る目がない、あるいは、働きをきちんと把握していない証拠だよ。

つまり、その会社のトップには経済観念がないということになるんだ。

経済観念のない人が経営している会社は、先行きが危ないんだよ。

そんな会社からは逃げ出したほうが賢明だろうね」

すでに考えてきたように、これからのビジネスは「ひとり勝ち」の時代に入っていきます。

そして、今後の企業が伸びるのも衰退するのも、トップの実力次第というのが、一人さんの見方でした。

そうなると、企業で働く人にとって、自分の今後を占うバロメーターは、トップの実力だということになります。

自分の給料が適正かどうか考える。確かに、これはトップの経済観念をはかる指標として最も便利かもしれません。そして、経済観念の有無こそがトップの実力を見る目安だと、一人さんは考えているようです。

トップに経済観念がないようでは確かに不安です。舵取りを誤って、会社を倒産させてしまうのではないかと思われても仕方がありませんし、すぐに倒産ということがなくても、業績が落ちていきそうに思えます。そうなれば、そこで働く社員の給料も次第に下がっていくわけです。

いずれにしても、長い目で見れば、トップが経済観念を持っていない会社にそのままいても、あまり得なことはなさそうです。

それに、これからの時代に実力を問われるのは、経営者だけではありません。自分自身もまた、実力をつけていかなければ生き残れないわけです。

そんな時代に、今の給料が少しばかりいいからと、経済観念のないような人の率いる会社にいて、いつまでもぬるま湯に浸《つ》かっていたのでは、自分自身の生き残りにとっても危険なことになってしまいます。

そんな会社に長くいて、そのうち倒産しても、その頃にはどこへも行く当てがなくなってしまいます。ぬるま湯の中にいたため、自分に何の実力もつけていないのでは、時代の流れに取り残されてしまうわけです。

社員に多く給料を出している会社は、社員にとっては居心地がいいわけですが、自分の今後の人生を考えれば問題だということになるのです。

給料の多すぎる会社からは逃げたほうがいい。

この目安を持てば、目先の得にとらわれず長期的な見通しを持って、自分の会社を判断できるのかもしれません。

学歴社会から人柄社会の時代へ

これからを生き抜く、そのために一番大事な目安は何なのかについて、斎藤一人さんはこう言います。

「これからの時代、人に嫌われて得なことは絶対にないんだよ。

人をねたんだりして嫌われると、生き残れなくなるよ。上をねためば上に嫌われる。横をねためば横に嫌われる。下をねためば下に嫌われる。人に嫌われれば仕事もできなくなるんだ。

これからの社会に大切になってくるのは学歴でもない、家柄でもない。

人柄なんだよ。

学歴社会のときには、学歴のないことは致命的だった。それと同じように、これからの時代には人柄が良くないことは致命的になってしまうんだよ。

なぜなら、これからは人柄社会になっていくからなんだ。

実力があって、しかも人柄のいい人が、これからは生き残っていくんだよ」

昔、家柄が人生のほとんどを決めてしまう時代がありました。

江戸の頃ならば殿様になれるのは殿様の子、家老は家老の子と決まっており、どんなに実力があろうと人柄が良かろうと、農民の子が殿様になることは不可能でした。

時代が下り、明治から昭和初期に入る頃までの社会でも、家柄は重視されていました。戦後になってもしばらくは家柄社会の影響は残っていましたが、少しずつその影響力は失われていきました。

そして、次に訪れたのは、学歴社会です。

戦後になり人々の多くが会社員として働くことを選ぶ時代になると、良い会社に就職することが成功への道だと考えられました。そして、企業への就職の際、決め手となるのが学歴でした。学歴がなければ良い会社には就職はできず、しかも、就職後にどのようなコースを辿るかということまで学歴で決まってしまうのが実状だったのです。

良い大学を出ていれば出世コースが保証され、二流、三流と見なされる大学を出ていると出世はまず無理、ましてや、高卒ではよほどのことがなければ幹部になることなど夢のまた夢だったわけです。

日本は高度成長を続け、世界でも第二位の経済大国となりました。このような繁栄の時期、それを支えていた企業は、年功序列を基盤とする終身雇用という体制で経済活動を行なっていたわけです。一度就職した企業で一生を働く。その代わり、安定した収入を得て生活する。そのような時代、自分の人生を預ける企業で、その先行きを決定してしまう学歴の意味はとても重いものでした。

ところが、日本の繁栄に陰りが出始めた頃から、状況が変わってきました。企業は生き残りのために年功序列と終身雇用を放棄し始めたのです。

そして、浮上してきたのが実力主義です。

もちろん、実力はいつの時代にも大切なことでしたが、ことに今のように経済状況の厳しい時代に入ると、企業の勝ち残りのカギは実力だけにかかってきます。そうなってくると、学歴の意味は失われ、その個人の正味な実力だけが問われるようになります。

まして、学歴が重い時代の影響により大学進学率が四〇％以上などという時代になっているのですから、大卒という資格になど何の価値も認めてはもらえません。一流大学と言われるところですら、年間に何千人、何万人という卒業者を出しているのですから、雇用する企業はその肩書きだけで信用するほど甘い時代ではなくなっているわけです。

また、これを逆から言えば、学歴などなくとも実力さえあれば、生き残り、勝ち残りが可能な時代だということでもあるのです。

ところで、この実力主義の時代にカギとなるのが「人柄」だと、一人さんは判断しているようです。

すでに考えてきたように、これからのビジネスで勝負の分かれ目となるのは、顧客満足ということです。そして、顧客の満足は「喜び」を与えることによって実現します。また、顧客に喜びを与えられる人とは、社内の人々にも喜びを与えられる人であるというのが、一人さんの考え方でした。

そこで、喜びを与えられる人、すなわち、人柄の良さが重要な時代になるという予測が立つわけです。

モノ余りの時代　➡　顧客満足の勝負
➡　顧客に喜びを与える人＝皆に喜びを与えられる人
⇔　人柄の良さが勝負　➡　人柄の時代

そして、一人さんはこのように時代の流れを読むわけです。

【時代の流れの変遷】

封建時代から戦前まで　➡　家柄が人生を決める　➡　家柄社会

戦後の経済繁栄期　➡　学歴が社内の出世を決める　➡　学歴社会

これからの実力主義時代　➡　人柄が実力に繋《つな》がる　➡　人柄社会

これからの時代は人柄こそが重要なカギを握ることになりそうです。

もちろん、人柄さえ良ければ、それでいいわけではありません。そこに実力がなければ仕方がありませんが、その実力にも人柄という要素が深く関わってくるようです。

そして、人柄について、一人さんは次のように言ってます。

「人柄ってね、誰が見てもわかるよ。

この人は愛のある人かどうか。

買物する人はちゃあんと見抜いているんだよ」

これからの時代は、実力主義。そして、人柄社会。

私たちはこのことを目安にして、これからの時代を生き抜いていきたいものです。

そんな時代に向けて、最後に一人さんは私に言いました。

「いいかい。人を傷つけちゃいけないよ。

人は感情で動く。

人の感情を傷つけて、いいことなんか一つもない。商人は敵をつくっちゃいけないんだ。これが基本理念だよ。

オレの考えを誰かに紹介するのはいいけれど、それが正しいなんて思い込んで話しちゃいけないよ。こんな考えもあるというだけのこと。ほかの人の考え方が正しいのかもしれない。

たとえ自分の意見に自信があっても、必ず『変わった意見なんだけれども』と一言つけてから始めるんだよ。

人を傷つけちゃいけない。

それがこれから生きていくのに大切なことだよ。

ほかの人たちにも、必ずそう言っておいておくれ」

何と言っても「カッコいい生き方」が大前提

「オレは商人だから……」

斎藤一人さんがそう話し出すと私はワクワクします。特に、

「商人は、お金という血液をグルグル回す社会の心臓だよ。心臓がしっかりしないと、この国のすみずみまで血が届かないんだよ」

「商人は、がっちり稼ぐんだよ。いくら儲けても大丈夫。税務署がどんどん持って行って、日本中にバラ撒《ま》いてくれる。銀行に預金したお金はどんどん誰かに貸してくれる。だから日本中どこでも商売ができる。死んだら国がみんな持っていってくれる。だから安心して、お金を稼ぎまくっていいんだよ。心臓が肝臓や腎臓みたいなこと言ってちゃダメってことだよ」

といった一人さんの言葉に私は心底しびれます。

「オレは職人だから、この技は絶対、後世に残す」

「オレは警官だから、絶対に市民を守る」

「オレは教師だから、子供たちを愛すること、守ることに命をかける」

「オレは公務員だから、何よりも住民の利益を守る」

……

こんなことを熱く語るカッコいい大人ってだいぶ減ってしまいました。

でも、若い人や子供から見て、カッコいい大人が増えると、もっともっとこの国は〝カッコいい国〟になると思います。

権利を主張するときではなく、義務を果たそう、誰かのためにがんばろうとするとき、ピッと自分を支えてくれる自分自身の〝大人の背骨〟を感じることがあります。

一人さんを見ていると、そうした〝大人の背骨〟をシャキッと伸ばして立っていることの美しさを再確認します。

「オレは商人だからさ……」

あなたは、「私は○○だから……」になんという言葉を入れますか？

一人さんはテレビに出ません。

本も自分では滅多に書きません。

「商人ですからしっかり利益を出して、つつがなく支払いをして、税金を払って、給料を払って、それに命かけていますから……」

日本一と言われてもずっと変わらない。本当にそういうところがすごいと思います。

私もそんなカッコいい商人になりたい。

これが私にとって、これからの時代を生きていくうえで一番大切な〝目安〟になっています。

斎藤一人さんからの、おわりのことば

この本を読み終わって、少し「大変な時代が来るな」と思った人もいると思います。

でも安心してください。日本人はもっともっと大変な時代を乗り越えてきた優秀な人たちです。

厳しい時代が来れば来るほど、どの業界でも人材を求めるものです。その人材とは、誰に強制されなくても、こういう本を読んで勉強しているあなたのことです。

「やっと、私の時代が来た」と思ってください。

そして周りの人に、希望の灯《ひ》をともしてください。

読みづらい本を最後まで読んでくれたあなたに、
良きことが、なだれのごとくおきます。

ひとり

斎藤一人《さいとうひとり》さんのプロフィール

「スリムドカン」などユニークなヒット商品でおなじみの「銀座まるかん」の創設者。1948年生まれ。
以下のとおり1993年以来、全国高額納税者番付（総合）の10位以内にただひとり毎年連続して入っている。
1993年分――第4位、1994年分――第5位、1995年分――第3位、
1996年分――第3位、1997年分――第1位、1998年分――第3位、
1999年分――第5位、2000年分――第5位、2001年分――第6位
2002年分――第2位
（土地・株式によるものを除けば、毎年、実質1位）
2003年には累計納税額で日本一となる。土地売却や株式公開などによる高額納税者がほとんどの中で、すべて事業所得という異色の存在。
〝日本一の大金持ち〟であると同時に、商売で稼ぎ続けている〝日本一の商人〟でもある。
また、独特の分析による経済予測は「なぜか当たる」と弟子たちなどの間で評判になっている。
納税額が全国1位になって以来、注目を集めるが、マスコミに顔を出したことはない。

著者紹介

小俣貫太（おまた　かんた）

銀座まるかんの販売代理店・㈱78パーセント代表取締役．幼少の頃から斎藤一人氏の身近に接し，生き方や物事の考え方について様々な教えを受ける．「商人はカッコよくて，楽しい」という斎藤氏の影響で，商人の道に入る．斎藤氏の本のなかで「小俣さんちのカンちゃん」としてたびたび登場．

著書として『斎藤一人の百戦百勝』（東洋経済新報社）がある．

〈編集部注〉

銀座まるかんに関するお問い合わせは以下にお願いいたします．

フリーダイヤル 0120-504-841

斎藤一人《さいとうひとり》の「世の中はこう変わる！」

2004年 2 月19日　第 1 刷発行
2004年 3 月 8 日　第 3 刷発行

著　者　小俣貫太《おまたかんた》
発行者　高橋　宏

発行所　〒103-8345 東京都中央区日本橋本石町1-2-1　東洋経済新報社
電話　編集03(3246)5661・販売03(3246)5467　振替00130-5-6518

印刷・製本　東洋経済印刷

Printed in Japan　ISBN 4-492-39424-9　http://www.toyokeizai.co.jp/

カリスマ大金持ちが初めて明かす“儲けの極意”

斎藤《さいとう》一人《ひとり》の百戦百勝

小俣《おまた》貫太《かんた》◆著

定価（本体1600円＋税）

【主な内容】

序　章◎楽しく生きれば、お金は儲かっちゃう!
第1章◎商人の基本姿勢でお金を儲ける
第2章◎考え方をグレードアップしてお金を儲ける
第3章◎お客さんを知ってお金を儲ける
第4章◎世の中を見渡してお金を儲ける
第5章◎魅力的なアイデアを出してお金を儲ける
第6章◎物事のとらえ方を変えてお金を儲ける
第7章◎「波動」の法則でお金を儲ける
第8章◎言霊〈ことだま〉の力で自分を変えてお金を儲ける
第9章◎「カッコいい」商人を目指してお金を儲ける
第10章◎お金の不思議さを知ってお金を儲ける
特別付録：幸せを呼ぶおまじない、「**金持札**」カラー写真